Le Mensuel retrouvé

Les Éditions des Busclats se proposent de publier des écrivains reconnus à qui elles demandent de faire *un pas de côté*. D'écrire en marge de leur œuvre, un texte court : récit, essai, nouvelles, lettres… qui sera, selon leur cœur, une fantaisie, un coin de leur jardin secret, un voyage inattendu dans leur imaginaire.

ISBN 978-2-36166-013-0
Conception graphique :
Benoît Gillain

Marcel Proust

Le Mensuel retrouvé

Précédé de

Marcel avant Proust

par Jérôme Prieur

ÉDITIONS DES BUSCLATS

Ouvrages de Jérôme Prieur

Nuits blanches, essai sur le cinéma, Gallimard, « Le Chemin », 1980.

Séance de lanterne magique, Gallimard, « Le Chemin », 1985.

Le Spectateur nocturne. Les écrivains au cinéma : une anthologie, Cahiers du Cinéma, 1993.

Guerre éclair, Éditions La Pionnière, 1997.

Jésus contre Jésus, en collaboration avec G. Mordillat, Le Seuil, 1999 ; « Points » n° 800, 2000.

Petit tombeau de Marcel Proust, Éditions La Pionnière, 2000.

Jésus, illustre et inconnu, en collaboration avec G. Mordillat, Desclée de Brouwer, 2001, poche Albin Michel, 2004.

Proust fantôme, Le Promeneur, 2001 ; « Folio » n° 4412, 2006.

Tous les objets sont des sphinx, Éditions La Pionnière, 2002.

Jésus après Jésus. Essai sur l'origine du christianisme (en collaboration avec G. Mordillat), Le Seuil, 2004 ; « Points essais » n° 533, 2005.

La Fabrique des doubles (photographies de Gérard Macé), éditions La Pierre d'Alun, 2006.

Roman noir, essai sur la littérature gothique, Le Seuil, « La librairie du XXIe siècle », 2006.

Jésus sans Jésus. Essai sur la christianisation de l'empire romain (en collaboration avec G. Mordillat), Le Seuil, 2008 ; « Points essais », 2010.

Babylone 1900, Éditions La Pionnière, 2008.

Le Mur de l'Atlantique, monument de la collaboration, Denoël, 2010.

Rendez-vous dans une autre vie, Le Seuil, « La Librairie du XXIe siècle », 2010.

Ingres en miroir, Éditions Le Passage – Musée de Montauban, 2011.

MARCEL AVANT PROUST

À Dominique Janvier

Retenez votre souffle. Ne bougez pas.

Nous sommes derrière son épaule.

Nous dénouons la cordelette qu'André Gide n'a pas dénouée en recevant le manuscrit de *Du côté de chez Swann* empaqueté par Céleste.

Nous ouvrons le manuscrit que Gide, fiction ou légende, n'aurait pas lu. Trop long, trop de phrases, trop de phrases trop longues, trop de détails, trop de particules, trop de salons, trop de tout. Trop de Proust.

Non, Céleste n'est pas restée derrière la porte de la chambre de liège, et Swann n'existe pas, pas plus qu'Albertine. Rien n'existe encore, ni la tante Léonie, ni Gilberte, ni Saint-Loup, ni Vinteuil, ni les Verdurin, ni les Guermantes, ni Elstir, ni Cottard, ni personne.

Nous sommes seuls.

Nous découvrons la promesse d'un grand écrivain. Nous découvrons Proust. En nous-mêmes nous savons pourtant que nous n'avons pas trop de mérite. Proust nous attend depuis tellement longtemps.

Chaque nouveau lecteur, certes, invente Proust, mais il faut bien dire qu'à travers les âges, les époques, les générations, les circonstances, et même les pays, les cultures, les années-lumière, c'est lui qui nous invente, lui qui nous regarde. Depuis un siècle, nous nous sommes mis sous son regard. Il avait donc tout compris, ce diable d'homme couché dans sa toile d'araignée ? Il avait tout vu, tout enregistré, tout déchiffré ? Il savait avant moi ce que je ne sais même pas formuler du temps, de l'amour, de la jalousie, de la souffrance, du désir, de la tragédie de chaque vie, de la comédie humaine et de sa ronde des masques ? Proust avait tout éprouvé, et il nous a fallu tellement de temps pour le comprendre à notre tour, pour le croire…

Ne faites pas de bruit car, dans le buisson des pages, des petites âmes déplient leurs ailes, des figures se dessinent en pointillés, des esquisses qui semblent encore des ombres, tout un fouillis de formes, de touches légères, de notes de musique. Des pas imprimés sur la neige des commencements.

Proust avant Proust. Marcel avant Proust. Un nommé Marcel Proust. Il vient de fêter ses dix-neuf ans, le 10 juillet de l'année 1890, quand vont bientôt paraître ses premiers textes imprimés dans une revue, une vraie revue.

La collaboration au *Mensuel* (novembre 1890-septembre 1891) précède ce qui a passé longtemps pour ses débuts littéraires, la publication en mars 1892 de son premier texte, « Un conte de Noël », dans *Le Banquet*.

Proust n'est pas un débutant. Cela fait des années qu'il rêve de publier. Il veut être publié, il le désire de toutes ses forces. Il a commencé entre 1887 et 1888 avec la petite bande du lycée Condorcet (il est l'aîné de ses compagnons que sont Daniel Halévy, Jacques Bizet, Robert Dreyfus). Ardeur éditoriale d'où résultera une douzaine de fascicules qui composeront le sommaire de revues de lycéens recopiées à la main ou reproduites au carbone, à travers lesquelles Proust et ses amis voudraient monter à l'assaut des arts et de la littérature. Leur ambition est absolue. « Un journal qui n'est ni naturaliste, ni idéaliste, ni décadent, ni incohérent, ni progressiste, ni déliquescent peut paraître extraordinaire. Mais plus extraordinaire encore un journal naturaliste, idéaliste, décadent, incohérent, progressiste et déliquescent. La revue d'art et de littérature est pourtant dans l'un et l'autre cas. Sans parti pris sans distinction de genre nous accepterons tout ce qui nous semblera digne d'être lu », annonce le prière d'insérer du numéro 1 de cette série de petites revues artisanales, *Le Lundi* suivi par *La Revue verte* – qui circulera à un exemplaire – puis *La Revue lilas*[1]. « Par l'analyse, la musique, le dialogue, la poésie, nous voulions explorer, connaître, exprimer », dira Daniel Halévy[2]. C'est que ces très jeunes gens s'engageaient dans une grande aventure, « la possession de l'univers ».

Malgré son talent et sa culture, « mon petit amour en Saxe » *dixit* Laure Hayman, devenu le « Saxe psychologique » sous la plume de Paul Bourget, le chérubin a le don d'exaspérer. « C'était lui, ses grands yeux d'orientale, son grand col blanc, sa cravate flottante. Il y avait là quelque chose qui ne nous plaisait pas, et nous répondions par un mot brusque, nous esquissions une bourrade (…) Il était décidément trop peu garçon pour nous », poursuit encore Daniel Halévy dans ses souvenirs parisiens.

Ses gentillesses de fille manquée, ses minauderies, ses manèges, ses caresses, sa cour assidue à ses camarades, ses propositions diablement insistantes font de lui un être imbuvable, mais quand on

---

1. In *Marcel Proust, Écrits de jeunesse* (1887-1895), textes rassemblés, établis, présentés et annotés par Anne Borrel avec la collaboration d'Alberto Beretta Anguissola et Florence Callu, Jean-Pierre Halévy, Pierre-Edmond Robert, Marcel Troulay, Michel Bonduelle, Institut Marcel Proust international (Société des Amis de Marcel Proust et des Amis de Combray), 1991.
2. Daniel Halévy, *Pays parisiens* (1932), Paris, Grasset, « Les Cahiers rouges », 2000.

le lui dit, ses yeux à larges cils deviennent encore plus lourds et tristes. Marcel ne se décourage pas pour autant. Il est « collant », il est envahissant, mais il n'a de cesse d'arriver à ses fins.

Et tout cela, le pire c'est qu'il le sait très bien. Il en souffre le martyre, il en jouit[3].

L'autoportrait qu'il pastiche dans une lettre à Robert Dreyfus en septembre 1888 est saisissant. Il voudrait tant se donner la comédie, ce qui ne l'empêche pas d'être un spectateur ultra-lucide de lui-même, de se juger sans aucune pitié. « Connaissez-vous X, ma chère, c'est-à-dire M.P. ? Je vous avouerai pour moi qu'il me déplaît un peu, avec ses grands élans perpétuels, son air affairé, ses grandes passions et ses adjectifs. Surtout il me paraît très fou ou très faux. Jugez-en. C'est ce que j'appellerais un homme à déclarations. Au bout de 8 jours il vous laisse entendre qu'il a pour vous une amitié considérable et sous prétexte d'aimer un camarade comme un père, il l'aime comme une femme (...) Sous couleur de se moquer, de faire des phrases, des pastiches, il vous laisse entendre que vos yeux sont divins et que vos lèvres le tentent. Le fâcheux,

---

3. Voir Anne Borrel, « La petite société des quatre amis », in *Proust et ses amis*, sous la direction de Jean-Yves Tadié, Paris, Gallimard, 2010.

ma chère, c'est qu'en quittant B qu'il a choyé, il va cajoler D, qu'il laisse bientôt pour se mettre aux pieds de E et tout de suite après sur les genoux de F. Est-ce un p..., est-ce un fou, est-ce un fumiste, est-ce un imbécile ? M'est avis que nous n'en saurons jamais rien. Au fait peut-être est-il tous les 4 à la fois[4]. »

1889. La tour Eiffel coiffe maintenant le ciel de Paris. À l'automne Proust s'exile à Orléans. Le service militaire l'appelle. Une sorte d'année sabbatique loin de ses parents, qui veillent néanmoins. Le petit Marcel peut écrire une fois par jour à maman. Elle répond par de longues lettres. En décembre, elle conseille à son petit chéri de se dire que chaque mois est une tablette de chocolat : s'il oublie d'en manger tous les carrés, c'est que le temps aura filé plus vite que prévu, et l'exil avec. Avant de faire volte-face et d'ajouter aussitôt en bonne mère : « Je crois que je divague et que je dis une ineptie qui n'aurait d'avantage que d'augmenter ta dyspepsie[5]. »

1 mètre 68 selon son livret militaire. Le jeune homme a été photographié en uniforme, on dirait

---

4. Marcel Proust, lettre à Robert Dreyfus, septembre 1888, *Correspondance*, tome 1 (1880-1895), texte établi par Philip Kolb, Paris, Plon, 1970.
5. *Ibid.*, lettre de Jeanne Proust à Marcel, 14 décembre 1890.

plutôt le comique troupier d'une revue de music-hall. Le volontaire – engouement tellement saugrenu de sa part – a trouvé en effet ce moyen d'échapper à la conscription obligatoire, laquelle, depuis le vote de la loi Freycinet, va désormais durer trois ans pour tous. C'en sera fini du tirage au sort et du remplaçant qu'un rejeton de bonne famille pouvait payer pour éviter de partir à l'armée.

Orléans est loin de la Guinée, du Soudan, du Dahomey. Là-bas, ne sont envoyés que des soldats de métier chargés d'accomplir le devoir de civilisation que doivent les races supérieures aux races inférieures, comme le disait Jules Ferry dans son discours à la Chambre le 28 juillet 1885. La caserne provinciale est un observatoire de la société française. Elle permet au jeune lettré de se mêler aux hommes de troupe comme aux aristocrates des deux noblesses, l'ancienne et celle de l'Empire, qui forment l'encadrement. Le volontaire ne semble pas avoir brillé par ses états de service, ni par ses exploits de gymnaste (il ne réussira pas à apprendre à nager). Loin de Proust l'idée d'embrasser la carrière, mais les jeunes officiers ne manquent pas de le fasciner. Les relations paternelles du docteur Adrien Proust valent au 2e classe d'être souvent leur invité, et même de souper chez le préfet. Son lieutenant, Armand-Pierre de Cholet, membre du Jockey

Club, du Cercle de la Rue Royale, et de la Société Hippique, lui donne sa photographie avec une dédicace qui en dit long sur la traversée de l'enfer du pauvre petit Marcel : « À l'engagé conditionnel Marcel Proust, l'un de ses bourreaux[6]. »

Le soldat Proust loge en ville, ses crises d'asthme incommodent ses camarades de chambrée. N'empêche qu'il s'ennuie ferme au 76e régiment d'infanterie, premier bataillon, deuxième compagnie. Il ne se passe rien à Orléans. Le plus grand mérite de la caserne Coligny est d'être près de Paris où il peut revenir chaque week-end en permission. Il fréquente le salon de Mme de Caillavet avenue Hoche, il rôde autour du couple secret que forment son ami Gaston de Caillavet, qu'il convoite, et sa fiancée Jeanne Pouquet, qu'il ne se prive pas de courtiser aussi secrètement, au grand dam de la jeune fille agacée par ce petit serin de Proust, dit-elle…

Jeu de masques, mise en scène du désir, initiation, le premier grand chagrin ne manque pas au tableau du récit d'apprentissage de ces années de formation, puisque la grand-mère bien-aimée de Marcel meurt au début du mois de janvier. La

6. Cité par Pierre Clarac et André Ferré, *Album Proust*, Paris, Gallimard, « Bibliothèque de la Pléiade », 1965.

veille, alors qu'elle est à l'agonie, il a trouvé la force d'écrire à Anatole France une carte de vœux où il lui dit son admiration.

À la mi-novembre 1890, Proust est enfin libéré de ses obligations militaires. Il revient habiter le grand appartement de ses parents, tout près de la place de la Madeleine, au 9 du boulevard Malesherbes. À la fin de sa vie, Fernand Gregh (qui était né deux ans après lui et qui lui survécut trente-huit ans) retrouvait ce décor de jeunesse en fermant les yeux : « Un intérieur assez obscur, bondé de meubles lourds, calfeutré de rideaux, étouffé de tapis, le tout noir et rouge, l'appartement-type d'alors, qui n'était pas si éloigné que nous le croyons du sombre bric-à-brac balzacien[7]. »

Proust s'inscrit à l'École libre des sciences politiques, et comment s'étonner qu'il y ait choisi la voie diplomatique. Dans l'hôtel de Mortemart au cœur brûlant du faubourg Saint-Germain, le voici sous l'ascendant de trois maîtres d'élite, les deux Albert, Sorel et Vandal, et Anatole Leroy-Beaulieu, qui impressionneront sa vision du monde. Vingt ans seulement se sont écoulés depuis la chute du Second Empire et la défaite de 1870.

---

7. Fernand Gregh, *Mon amitié avec Marcel Proust*, Paris, Grasset, 1958.

C'est alors que Proust commence à publier dans *Le Mensuel*. La petite revue paraît à dater du mois d'octobre 1890 sous la direction d'un autre jeune homme, Otto Bouwens Van der Boijin – condisciple de Proust à Condorcet et peut-être à Sciences Po. Otto habite tout près du parc Monceau. Lui aussi vit chez ses parents, au 45 rue de Lisbonne. Son père, qui est d'origine hollandaise comme son nom ne le dissimule pas, est un architecte parisien réputé.

Marcel n'a qu'à franchir l'arrière-pays du boulevard Malesherbes pour arriver au « siège » de la revue, un quart d'heure à pied suffit à relier les deux maisons. Pourtant, après Marcel Troulay qui fut « l'inventeur » avec Anne Borrel de ces écrits de jeunesse longtemps inconnus[8], Jean-Yves Tadié, qui a exploré cette période mieux que quiconque[9], l'a souligné : un secret demeure.

Otto Bouwens « traverse comme un météore invisible jusqu'à présent la biographie de Proust ». « Étrange disparition, dit encore J.-Y. Tadié, d'un personnage avec lequel Marcel s'est sans doute

---

8. In *Écrits de jeunesse*, *op. cit.*, p. 171 à 203.
9. Jean-Yves Tadié, *Marcel Proust*, Paris, Gallimard, 1996, en particulier p. 208 à 225.

brouillé, et qu'il a cessé de voir ! », alors même que Proust lui doit d'avoir eu ses textes imprimés pour la première fois de sa vie.

Singulière absence. Étrange disparition.

La trace du « baron Otto » s'estompe dans les sables parisiens. Le 3 janvier 1894, Maurice Leblanc le parrainera auprès de la Société des gens de lettres – sa sœur qui fut la compagne de Maurice Maeterlinck et son interprète y est-elle pour quelque chose ? Le fait est que *Le Mensuel* consacre plusieurs pages à *L'Intruse* de Maeterlinck en mai 1891. L'Annuaire des gens de lettres signale Bouwens, toujours en 1894, comme attaché non rétribué à la Bibliothèque de l'Arsenal dont il est surnuméraire en 1905 – c'est l'époque où le poète José-Maria de Heredia en est le patron. En 1902, ses revenus doivent être confortables puisqu'Otto Bouwens figure dans la liste des généreux donateurs de l'hommage à l'administrateur de la Bibliothèque nationale, Léopold Delisle, membre de l'Institut. Selon l'édition de 1908 du *Paris-Mondain*, l'annuaire du Grand monde parisien et de la colonie étrangère, on sait que Bouwens a déménagé, qu'il habite désormais au 25, rue Pierre Charron, puis, en 1909 du moins, qu'il possède une villa à Deauville, « Bel Abri », et qu'il figure parmi les abonnés au téléphone. Il s'est marié entretemps, une baronne figure à ses côtés dans le Bottin. Ce n'est pas seulement un érudit fortuné qui s'intéresse à l'histoire et qui participe aux travaux de la Société des études historiques, à ses commissions, à ses comités. Il compose de la musique pour piano, une quarantaine de pièces aux titres mélancoliques, « Air champêtre », « Paysage », « Causerie pour piano », « Les Roseaux », « Adieu funèbre », « Feuillets d'album ». Il a écrit la musique de la pièce *Carmosine* d'Alfred de Musset représentée le 7 mars 1897 chez M. et Mme Alfred Vaudoyer, au 132 avenue de Villiers. Mais il n'est pas que romantique, on l'aperçoit ici et là sous l'emprise du démon du théâtre. Une dizaine de drames et de comédies, *L'Ornière*, *L'Argent et l'honneur*, *Trop riche*... *L'Entrave* est annoncée le 13 août 1904 par *L'Humanité* de Jean Jaurès, ce qui jette quelques lueurs sur les penchants politiques de l'inclassable baron. Bien entendu, c'est au contraire *Le Figaro* qui annoncera le décès subit le 31 mars 1913 de sa mère, veuve depuis six ans, et qui avait fait don à la bibliothèque du Conservatoire d'un manuscrit autographe de Jean-Sébastien Bach.

Outre sa compagnie éphémère avec Proust, Otto Bouwens a même collaboré entre 1900 et les années 20 avec un curieux énergumène, André de Lorde, auteur culte et prolifique du Grand Guignol et du théâtre de l'absurde avant l'heure. Son collègue à la Bibliothèque de l'Arsenal devenait la nuit, dit-on, « le maître de la terreur ». À part ces miettes de vie, que dire ? Otto Bouwens Van der Boijin était presque jumeau de Proust. Né en 1872, il mourra la même année, en 1922.

Le silence dans lequel tombe Otto Bouwens chez Proust permet de supposer que les idées et la littérature n'avaient peut-être pas été leurs seuls liens. Brouille sentimentale ou dépit amoureux, refus ou rebuffade, le précipice ouvert entre les deux jeunes gens est suffisamment vertigineux pour vouloir imaginer l'intensité de l'attraction qui a pu les rapprocher. À moins qu'il y ait eu entre eux une chose plus redoutable, ce que l'un ou l'autre aurait pu considérer comme une trahison, car comment expliquer que le nom même d'Otto Bouwens soit demeuré imprononçable, jusque dans l'immense correspondance de Proust où, malgré les fausses joies que l'on peut avoir, pas une fois il n'est nommé ?

Mais pourquoi exclure l'hypothèse qu'Otto Bouwens soit caché parmi les innombrables masques que Proust fait tourner dans *La Recherche* ? Ne pourrions-nous parvenir ne serait-ce qu'à l'apercevoir sous d'autres noms ? Et pourquoi ne pas regarder d'abord dans le *Mensuel* lui-même ?

Le Mensuel commence à paraître en octobre 1890. La publication dure jusqu'en septembre 1891. Avant de signaler que l'on peut s'abonner par mandat-poste à l'adresse de la rédaction (c'est-à-dire au domicile du père d'Otto Bouwens) et que l'on trouvera « le journal » en librairie à Paris – chez Weil, au 9 rue du Havre ; chez Sauvaitre, au 72 boulevard Haussmann ; chez Dentu, au 36 avenue de l'Opéra ; chez Souque, au 132 boulevard Malesherbes ; chez Brasseur, dans la galerie de l'Odéon – la dernière page du numéro 12 indique qu'ainsi s'achève « la première année » de la revue.

Malgré cela, il n'y aura pas de deuxième année. La revue ne paraîtra pas le mois suivant. Jamais plus.

Or dans ce douzième et dernier numéro du *Mensuel* de septembre 1891 paraissent deux textes de Proust, deux textes qui sont, contrairement aux autres, des récits, deux courts récits. « Choses normandes » propose aux yeux des lecteurs un paysage et une marine, une peinture de la mer et de la campagne au-dessus de Trouville – texte d'une page et demie de la revue qui doit évoquer un séjour de Proust en Normandie lors de la dernière permission l'année précédente et son été 1891 passé à Cabourg et à Trouville. Pour la première fois, le nom du signataire de ces « Choses normandes » est imprimé : Marcel Proust. Proust, qui n'a signé jusque-là que d'initiales ou de pseudonymes, donne enfin son nom.

Moins d'une page plus loin, Proust revient sous un nom d'emprunt, un faux nom, pour signer un autre petit texte du numéro. « Pierre de Touche » est désigné comme l'auteur d'une fiction sobrement intitulée « Souvenir ». Signature bien malicieuse et titre bien modeste pour un texte capital. On y lit un scénario qui a beaucoup d'avenir devant lui, le scénario emblématique d'un récit d'amour impossible comme *La Recherche* en sera le théâtre.

Amour interdit, amour coupable : tout est déjà en germe selon un schéma qui va être complété dès 1893 par « Avant la nuit » (*La Revue blanche*) puis en 1896 par « L'Indifférent » (*Les Plaisirs et les jours*).

Le narrateur de « Souvenir » rend visite à une jeune femme souffrante, qui vit dans la demeure familiale au bord de la mer. Or la jeune femme se prénomme Odette. Tiens, tiens…

Dans cette maison où il avait vécu « des heures profondément douces », « les plus heureuses de ma vie », précise-t-il, le narrateur est accueilli assez froidement par « un jeune homme, assez beau garçon (…) qui continua la lecture de son journal tout en fumant sa pipe ». C'est le frère de la jeune fille. On apprendra plus tard qu'il vit pour lui seul, rien ne pouvant le consoler ou le distraire du drame qui l'a fracassé. Quant au père, « son regard indécis donnait à son expression beaucoup d'indifférence ». Le narrateur (anonyme) se nomme à plusieurs reprises, en vain. Il n'est pas reconnu. « Mon nom n'évoquait en lui aucun souvenir (...) Nous nous regardions tous les deux dans le blanc des yeux, sans trop savoir que nous dire. En vain je m'efforçai de le mettre sur la voie : il m'avait tout à fait oublié. J'étais un étranger pour lui. »

L'embarras est à son comble. Ce que Freud va théoriser d'un moment à l'autre sous le terme d'*Unheimliche*, improprement traduit par le concept d'« inquiétante étrangeté », trouve ici sa version intimiste. L'ami de la famille est un intrus, un corps étranger. Ceux-là mêmes dont il était si proche n'arrivent plus à savoir qui il est.

Sauvé grâce à l'intervention de la petite sœur de l'héroïne, le narrateur est admis *in extremis* à pénétrer dans le jardin enchanté. On dirait une toile de Vuillard, c'est l'été, la maison à tourelles ressemble à un petit château, la jeune fille se repose dans une chaise longue sous une couverture écossaise. Mais là c'est un autre retournement qui se produit, et la désillusion n'est pas moins cruelle. Odette puisqu'elle s'appelle bien Odette ne sait pas comment remercier son visiteur de ne pas l'avoir oubliée après tant d'années. « Je puis bien le dire, n'est-ce pas ? puisque nous avons été si bons amis ensemble. » C'est elle qui est presque méconnaissable, condamnée à rester sans bouger depuis sa « terrible maladie ». « Je ne l'aurais pour ainsi dire pas reconnue tant elle avait changé. Ses traits s'étaient allongés, et ses yeux cerclés de noir semblaient perforer son visage blême. Elle qui avait été si jolie, elle ne l'était plus du tout. » Est-ce une malade que décrit Proust, ou un spectre ?

Pendant qu'elle parle, « la couleur cadavérique de son teint avait disparu ». Elle embellit, au point que le narrateur voudrait la serrer dans ses bras, lui dire qu'il l'a aimée. Mais rien n'a lieu. Ni gestes ni paroles. Les deux « bons amis » sont devenus des étrangers, malgré ce qu'ils savent l'un de l'autre, malgré ce qui leur est arrivé, malgré les sentiments et le chagrin.

« Je vis de sentiments et de douleurs », murmure Odette. Vaste programme.

Puis le narrateur doit se retirer. « Les larmes m'étranglaient, dit-il. Je parcourus ce long vestibule, ce jardin délicieux dont le gravier des allées ne devait, hélas !, plus jamais grincer sous mes pas » : ce sont presque les derniers mots du récit. Ils sonnent comme un adieu.

Nous quittons la maison des fantômes, c'est pour ne jamais y revenir. Mais quel est ce « souvenir », ce doux souvenir, ce charmant souvenir qui lie les deux protagonistes, en dépit de quoi ils ne se verront plus ?

Odette qui a rappelé au narrateur leurs parties de tennis nous met-elle sur la piste ? Qui sont les partenaires de cette drôle de partie ? Les rôles changent, les rôles s'intervertissent. « Mon frère a eu un grand chagrin avec une femme qui l'a affreusement trompé », confie Odette. Qui est qui dans cette histoire ? Qui a trompé qui ? Qui joue le rôle de qui ? Face au narrateur, y aurait-il sous plusieurs travestissements, un seul et même personnage, dédoublé selon les différents moments de la douleur et du sentiment : absent et indifférent comme le père, affreusement blessé comme le frère, mort vivant comme la femme allongée ? – sans oublier une petite fille à la voix flûtée, une messagère du bonheur…

Odette serait-elle la première apparition d'un nom de code ? Quelle dette exprime-t-elle ? Et cette scène du souvenir est-elle un écran, une figure cachée dans le tapis, le dernier souvenir de celui qui va disparaître de la vie de Proust comme de la vie de la revue, le tombeau d'Otto ? Après il n'y aura plus de numéro du *Mensuel*.

O comme Otto ? O comme Odette ? Quand bien même Edgar Poe ne passe pas pour avoir été une des références majeures de Proust – qui a pourtant beaucoup lu *Les Aventures d'Arthur Gordon Pym* dans son enfance –, ce dernier récit du *Mensuel* est-il un portrait ovale en quelque sorte où s'engloutit Otto Bouwens ? Il est impossible de ne pas percevoir le ton élégiaque des *Histoires extraordinaires* dans ce « Souvenir » qui s'achève sur le flux et reflux de l'océan et la course du soleil ; cycle du temps, cycle perpétuel, qu'esquisse un jeune écrivain de 20 ans.

Le nom d'Otto surgit tout de même une fois dans *La Recherche*. Déception, c'est celui du photographe mondain qui exerça ses talents à Paris lors des dernières années du XIXe siècle. Son studio était installé au 4 place de la Madeleine juste avant l'embouchure du boulevard Malesherbes où habitait la famille Proust. Marcel s'y rendit plusieurs fois. On connaît au moins deux portraits pris vers 1895, et un tableau de groupe avec ses amis plus ou moins enlacés, Robert de Flers et Léon Daudet, qui donna lieu à quantité de fous rires…

Cette mention d'Otto – une exception – figure dans *La Prisonnière* au moment de la mort de Swann. Elle est associée à Odette. Le professeur

Brichot, comme par hasard féru d'étymologie et d'onomastique, rappelle « que notre esprit est le vieux Protée, qui ne peut rester esclave d'aucune forme (...) comme les photographies "retouchées" qu'Odette avait fait faire chez Otto, où, élégante, elle était en grande robe princesse et ondulée par Lenthéric, ne plaisaient pas tant à Swann qu'une petite "carte album" faite à Nice, où, en capeline de drap, les cheveux mal arrangés dépassant d'un chapeau de paille brodé de pensées avec un nœud de velours noir, de vingt ans plus jeune (les femmes ayant généralement l'air d'autant plus vieux que les photographies sont plus anciennes), elle avait l'air d'une petite bonne qui aurait eu vingt ans de plus ».

Ce « Souvenir », Proust le glisse-t-il en guise de cadeau de rupture dans *Le Mensuel* par pure provocation, voire au nez et à la barbe de son ami ? Serait-ce l'une des premières « photos retouchées » d'un jeune dieu nommé Marcel Proust ?

Le petit récit est donc signé « Pierre de Touche ». Retouche, toucher, touche... La constellation chantonnée en sourdine laisse rêveur. L'expression « pierre de touche » bénéficie seulement de deux occurrences dans *La Recherche*. Le narrateur demande à Saint-Loup de le mettre en relation avec sa tante, Oriane de Guermantes. Il y consent finalement. « Un ami bête eût discuté », dit Saint-Loup pour prouver sa bonne volonté. « C'était justement, remarque le narrateur dans *Le Côté de Guermantes*, ce qu'il venait de faire ; mais peut-être je voulais le prendre par l'amour-propre ; peut-être aussi j'étais sincère, la seule pierre de touche du mérite me semblant être l'utilité dont on pouvait être pour moi à l'égard de l'unique chose qui me semblât importante, mon amour. »

Le narrateur pour vérifier la solidité de cette pierre de touche augmente aussitôt sa demande d'amour, « soit, dit-il, par duplicité, soit par un surcroît véritable de tendresse » produit par la reconnaissance, l'intérêt ou simplement la ressemblance entre Oriane et son neveu Saint-Loup :

« – Mais voilà qu'il faut rejoindre les autres et je ne vous ai demandé que l'une des deux choses, la moins importante, l'autre l'est plus pour moi, mais je crains que vous ne me la refusiez ; cela vous ennuierait-il que nous nous tutoyions ?

– Comment m'ennuyer, mais voyons ! joie ! pleurs de joie ! félicité inconnue ! »

Pourtant les choses se gâtent. Le narrateur, qui demande pour preuve d'amour une photo d'Oriane à Saint-Loup, comprend que ce dernier fait semblant, qu'il ne servira son amour « qu'à moitié, sous la réserve de certains principes de moralité » et, conclut-il, il le déteste pour cela.

Le narrateur sent que l'amabilité de Saint-Loup est feinte, qu'elle est tissée de tout ce qu'il devait dire ou penser dans son dos et dont il joue plus tard devant ses amis. Ce qui blesse le narrateur, ce qui le « touche », dit-il expressément, c'est ce changement d'attitude de Saint-Loup à son égard, ce double langage.

« Dans nos tête-à-tête, certes, je soupçonnais le plaisir qu'il avait à causer avec moi, mais ce plaisir restait presque toujours inexprimé. »

Plaisir inexprimé, plaisir supposé, plaisir imaginé, plaisir déçu…

Il y a une autre mention de l'expression « pierre de touche » dans *La Recherche*, le phénomène est suffisamment rarissime pour être relevé. Un quasi hapax donc, qui figure dans *Sodome et Gomorrhe*.

Manière de tuer le personnage, du moins d'anéantir sa réputation, Madame Verdurin trouve que Swann, on en a très vite fait le tour. « "Sans même parler du caractère de l'homme, que j'ai toujours trouvé foncièrement antipathique, sournois, en dessous, je l'ai eu souvent à dîner le mercredi. Hé bien, vous pouvez demander aux autres, même à côté de Brichot, qui est loin d'être un aigle, qui est un bon professeur de seconde que j'ai fait entrer à l'Institut tout de même, Swann n'était plus rien. Il était d'un terne !" Et comme j'émettais un avis contraire : "C'est ainsi. Je ne veux rien vous dire contre lui, puisque c'était votre ami ; du reste, il vous aimait beaucoup, il m'a parlé de vous d'une façon délicieuse, mais demandez à ceux-ci s'il a jamais dit quelque chose d'intéressant, à nos dîners. C'est tout de même la pierre de touche." »

L'envie démange de lire en palimpseste dans cet épisode le nom d'Otto Bouwens à la place de celui de Swann. Qui sait si nous ne serions pas sans le savoir, en dépit de toutes les dénégations d'usage du narrateur, les témoins d'un assassinat en règle.

Si l'on ne sait toujours pas à quoi ressemblait le premier éditeur de Proust, ses articles nous montrent un esprit éclectique, curieux des arts et du théâtre de son temps, et d'abord un observateur attentif de l'actualité politique et internationale – ce qui singularise sa revue par rapport au *Banquet* qui va lui succéder, mais aussi par rapport à *La Revue blanche* ou au *Mercure de France* qui sont dans ces mêmes années ses rivales ou ses modèles.

Incognito, Otto Bouwens s'adresse « au lecteur » en tête du numéro 1. Rappelant en quelques mots le but que se propose d'atteindre *Le Mensuel*, il réclame l'indulgence de ses aimables lecteurs.

Tout est charmant, tout demeure sur la pointe des pieds. Demander l'indulgence n'est pas qu'une précaution de style, c'est une première apparition sur scène, et la scène littéraire est toujours redoutable et pleine de dangers. Aussi « la Rédaction » remercie-t-elle chaleureusement les premiers abonnés d'avoir voulu s'intéresser à l'entreprise, « peut-être trop téméraire » murmure l'hôte, et les prie d'engager leurs amis à suivre leur bon exemple. Comme ces choses sont dites avec élégance… À l'instar du titre si neutre de la revue, la modestie du projet n'en paraît pas moins un peu trop soulignée pour être vraie : « Notre journal n'est, en somme, qu'un simple résumé du mois, résumé bien entendu, très sommaire. »

« Journal », « résumé », « sommaire » : cette revue qui compte entre 10 et 16 pages et dont le tirage devait être de peu d'exemplaires (deux collections complètes des douze numéros parus sont connues) a pour ambition intellectuelle de vouloir coller à l'actualité. Il faut employer l'expression, bien qu'elle rende un son peut-être anachronique. Le rythme de la parution mensuelle de la revue ne paraît pas en effet un handicap pour rendre compte de ce qui *vient* de se passer, comme si les délais d'impression avaient été vaincus, comme s'ils n'étaient pas un obstacle à la saisie presque instantanée ou du moins quasi immédiate de l'actualité, comme si le temps devait être pris de court. Otto Bouwens fait entrer la vitesse (le « résumé », l'immédiateté, l'ubiquité) à l'intérieur de son projet éditorial.

Le terme de « journal » pour qualifier la petite entreprise n'est donc pas qu'une coquetterie. Plus qu'à la presse, cette recherche du temps présent fait étrangement penser à la photographie. *Le Mensuel* n'a pas eu son Félix Vallotton qui, pendant six ans, a illustré de ses bois gravés *Le Cri de Paris* que dirigeait Alexandre Natanson (de 1897 à 1902). Ici jamais aucune illustration, jamais aucune image, mais une sorte de volonté de regarder le monde (la vie parisienne et internationale), d'être au cœur des choses, – ces choses importantes pour de jeunes bourgeois qui veulent trouver leur place par rapport aux anciens, aux écoles, aux institutions, dans un mélange de respect et de bonne éducation, d'impatience et d'audace. Le « reportage » auquel *Le Mensuel* nous fait assister installe donc le lecteur devant le spectacle de l'année 1890-1891. D'où la diversité des points de vue que permet et qu'encourage la revue, cette multiplicité des objets de curiosité qui a dû ravir le jeune Proust, collaborateur régulier du *Mensuel* au point d'en devenir une petite cheville ouvrière, mais aussi la multiplicité des styles et des signatures que cela autorisait. D'où l'illusion de la rapidité.

On imagine le temps nécessaire à fabriquer la petite revue, même si le papier était alors facile à trouver. Pour la composition, les typographes, qui travaillaient à la main, devaient mettre une heure et demie par page. Après la révision de la première épreuve, un jeu était envoyé au client qui le renvoyait à l'imprimerie le plus tôt possible. Puis après avoir apporté les corrections d'auteur, les secondes épreuves étaient réexpédiées à Paris pour obtenir le bon à tirer, avant une ultime lecture, « la tierce », assurée par le patron de l'imprimerie, tant était vive la traque de la coquille insidieuse. L'impression du texte était réalisée ensuite sur une machine à cylindre qui nécessitait deux ouvriers, le margeur et le receveur : on procédait juste à un tirage court, un recto-verso, et l'envers transparaît souvent sur l'endroit derrière chaque page du *Mensuel*. Restait le façonnage, le pliage était effectué sur place ou directement chez Bouwens par souci d'économie. Au total il fallait compter 8 à 10 jours de fabrication, sachant qu'au moins une bonne douzaine d'heures était nécessaire pour accomplir le voyage en train de la gare d'Austerlitz à Villefranche-de-Rouergue où était installée l'imprimerie Bardoux[10].

---

10. Je remercie pour son aide Philippe Devoghel, directeur du Musée de l'imprimerie à Grignan.

Dès lors une anomalie ne lasse pas d'étonner dès le premier numéro, et qui se répètera tout au long de la série. Comment se ferait-il par exemple que le numéro d'octobre 1890 fasse référence au mariage de la fille d'Alexandre Dumas célébré le 9 octobre… Et mieux encore que soient mentionnées les noces de la fille de l'ambassadeur de Russie à Paris avec le vicomte de Sèze, capitaine d'infanterie, qui sont célébrées le 28 octobre ! Sans vérifier la chronologie des événements internationaux qui occupent la première place, il est impossible de croire que la revue ait pris le risque d'anticiper systématiquement les mariages avant qu'ils aient eu lieu, pour ne pas parler des enterrements… Ainsi, dans le numéro de janvier 1891, un entrefilet signale la mort du peintre Ernest Meissonier survenue le 31 du mois, même si, selon la formule consacrée, la nouvelle a été apprise « à l'heure où nous mettons sous presse ».

La date mentionnée sur le fronton de chaque numéro est une fiction, une fausse date. *Le Mensuel* joue avec le temps.

Quant à l'espace, c'est le terrain privilégié du directeur, son domaine réservé. Otto Bouwens qui ne signera pas un article de sa revue autrement que par ses initiales (ou celle du *Mensuel*) s'octroie en tête de chaque numéro la part du lion, la revue de politique intérieure et surtout étrangère.

Grand lecteur de quotidiens et de revues, lisant au moins l'allemand et l'anglais, il s'avère être un très fin connaisseur des arcanes de la vie internationale qu'il commente avec concision et acuité, s'intéressant aussi bien à l'Allemagne qu'à l'Angleterre mais n'oubliant pas le reste de l'Europe, l'Amérique du Nord, l'Asie, l'Afrique. Otto Bouwens suit Guillaume II et Bismarck, il observe les évolutions de l'Allemagne avec un savoir-faire de diplomate, reconnaissant avec fair-play que Moltke fut le plus grand stratège de son temps, saluant aussi la mesure de justice qu'est la suppression du passeport entre l'Allemagne et les territoires annexés de l'Alsace-Lorraine. L'arrestation de Sitting Bull y est évoquée comme la préparation de l'encyclique de Léon XIII *Rerum novarum*, la fin de la guerre civile au Chili ou l'adoption de l'impôt sur le revenu par les députés de Prusse et le principe de sa forte progressivité, ce qui plaît au rédacteur en chef. C'est un esprit indépendant à la fois traditionnaliste et éclairé qui s'exprime, étranger à toute espèce de chauvinisme.

L'histoire est présente dans *Le Mensuel* par le biais d'un éphéméride reprenant, à travers les siècles et les nations, chaque journée du mois, des choix qui sont tout sauf anodins quant aux inclinations et aux jugements de leur auteur. Sont encore publiées des informations légales et administratives. Leur charme tout fortuit est de nous laisser apercevoir l'auditoire de la revue, élèves d'écoles ou de facultés, jeunes lieutenants de vaisseau ou réservistes, mélomanes ou piliers des soirées parisiennes.

La chronique théâtrale occupe l'autre pan du numéro. Otto s'y consacre plus que de besoin : drames, vaudevilles, conférences y sont racontés par le menu, avec un grand sens du résumé et un art consommé du sous-entendu. La chronique s'étendra à la musique et aux spectacles.

Jusqu'à la fin, ce sommaire se répétera, complété de plus en plus par des listes de sélections de lectures. De courts articles scientifiques, de première ou de seconde main, montrent en particulier une fascination permanente pour la nouvelle fée des temps modernes, l'électricité. C'est une révolution technique à laquelle on est convié, d'autant qu'elle est déjà culturelle : applications à la médecine ou à l'agriculture, essais de photographie en couleurs, apparition de l'ampoule, éclairage domestique à bon marché ou moustiquaires électriques. Dans ce monde ancien où l'empreinte du Second Empire reste très présente, un monde nouveau se profile que l'on devine parmi les bonnes feuilles, les livres conseillés, ou les poèmes surannés.

Quelques articles d'humeur, dirait-on, rendent plus accidenté le panorama : une défense du droit aux vacances des candidats aux concours universitaires, une critique du millénarisme des disciples de Tolstoï ou un récit de voyage à Eton dont l'auteur vante le canotage, sport beaucoup plus athlétique « que cette stupide invention, pratique peut-être, mais qui voûte le corps et l'affaiblit : le vélocipède ». *Last but not least*, un article sur la censure préventive réclame, en alignant une suite d'arguments imperturbables, son extension démesurée. Puisque la Censure existe, l'État devrait devenir responsable de *tout* ce qui se joue dans les théâtres. « Nous demandons que l'esthétique soit un moyen de gouvernement », exige son signataire anonyme.

Une rubrique « Échos » signale les dates de concours administratifs, les élections à l'Académie, les représentations à Bayreuth, les inaugurations de places ou de statues et, comme il se doit, les décès. Ducs et princes, artistes et hommes politiques défilent en ces mois, le baron Haussmann, le prince Napoléon, Jules Grévy, Théodore de Banville, Léo Delibes, Jongkind…

Tout à coup, tombe une nouvelle de dernière minute, un coup de théâtre, le suicide du général Boulanger qui se tue d'une balle de revolver dans le cimetière d'Ixelles sur la tombe de sa maîtresse.

« Cette nouvelle n'a pas d'importance politique », ajoute le rédacteur, voyant dans le putschiste « un brave serviteur du pays qui n'avait pas su résister aux mauvais conseils, aux séductions et aux intrigues d'une poignée de politiciens plus coupables que lui, des fautes qu'il a commises ».

Bientôt, ce sera au tour d'un autre officier français d'empoisonner la vie politique et intellectuelle au tournant du XIXe et du XXe siècle. Le capitaine Dreyfus n'imagine pas encore de quoi il sera coupable ni le tremblement de terre dont il va être la cause. En 1890, Alfred Dreyfus se marie, il est admis, après Polytechnique, à l'École de guerre. S'il a eu le loisir de feuilleter *Le Mensuel*, il y aura aperçu les réceptions, les soirées musicales ou littéraires, les grands dîners, les garden-party, les matinées dansantes, les « sauteries très animées », les bals costumés, les bals blancs, et même « un cotillon comme on n'en a jamais vu » lit-on une fois, les fêtes champêtres et les fêtes en tous genres dont chaque semaine Paris est la scène. La revue en tient l'agenda comme si cette vie extraordinaire était l'ordinaire.

Parfois l'air de ces temps lointains nous atteint soudain comme s'il était très proche. En février 1891, ainsi apprenons-nous une nouvelle bien plus capitale qu'il n'y paraît : « Désormais les affiches peintes payeront un droit annuel par mètre carré s'élevant, à 0 Fr. 60 dans les communes comptant moins de 2,500 habitants, 0 Fr. 75 dans les communes comptant entre 2,500 et 40,000 habitants, 1 Fr. au-dessus de ce chiffre de la population, et à Paris 1 Fr. 50. »

De vraies petites perles roulent comme celle-ci : « L'amiral marquis de Montaignac, sénateur inamovible, est mort le 9 juin à l'âge de 81 ans. Sa carrière, un peu oubliée de la génération présente, date tout entière de l'empire et fut à la fois très laborieuse et très brillante ».

N'y a-t-il pas toujours plus de temps que de vie ?

À des milliers de kilomètres de là, durant les mêmes semaines, à Gizeh, une momie égyptienne est extraite de ses bandelettes. « La tête, d'un profil remarquable, porte encore en place les amulettes ornant le cou et la tempe gauche ; les yeux, les narines et la bouche sont recouverts d'une couche de cire vierge. Des soins exceptionnels, qui n'ont été constatés jusqu'à ce jour qu'une ou deux fois seulement sur des momies royales, paraissent avoir été apportés à l'embaumement de ce corps, qui, après des milliers d'années, vient de se retrouver en contact avec la lumière ».

Otto Bouwens, toujours discret, est le maître de maison. La politique et le théâtre sont ses maîtresses. À parcourir le carnet mondain, à lire sa chronique théâtrale, cet homme sort presque chaque soir, qu'il aille au spectacle ou qu'il fréquente le monde. Il écrit, il compile, il traduit. C'est un homme sérieux, c'est d'abord un homme-orchestre qui doit aller jusqu'à s'occuper des abonnements comme des courses chez les libraires, sans compter qu'il finance certainement *Le Mensuel* de ses deniers ou de ceux de son père, l'architecte William Bouwens. Sa revue a beau être peu volumineuse, il veille sur tout, les sujets à traiter, les informations à réunir, les listes, les noms, les dates, les épreuves à relire, les échanges avec Jules Bardoux, l'imprimeur dont il a fait, en titre, le directeur de la publication.

À compter du septième numéro, celui daté d'avril 1891, quelques invités sont enfin accueillis, à qui il arrive de figurer sous leur vrai nom. A. de Meillermé par exemple, parfait inconnu à moins que ce soit un masque, ou Arnould Rogier qui signe trois sonnets (curieux poète honoré, nous apprend le numéro de juillet, par la seule médaille d'or d'honneur et de sauvetage qui a été décernée à la préfecture de la Seine pour l'année 1891). Il y a Paul Grunebaum-Balin, à qui Proust dédiera ses « Choses normandes », et qui vient d'écrire avec Gaston Arman de Caillavet une revue en 7 actes donnée chez Madame Pouquet, la mère du pseudo flirt de

Marcel, soirée saluée par un écho dans *Le Mensuel.* Il y a Robert Dreyfus, qui apparaît fugitivement, une fois, et qui commente sous la signature de R.D., en quatre pleines pages, *La Confession d'un amant* de Marcel Prévost. C'est pour railler à fleuret plus ou moins moucheté « les audaces de l'attendrissement » – ce qui montre clairement l'influence dans le Paris de l'époque de Marcel Prévost, ce maître de scepticisme et d'« éloquence sans objet » auquel la jeune revue ne craint pas de se frotter longuement au nom de ceux qui, « pour avoir une vision moins littéraire », n'en savent que bien plus clairement ce qu'ils veulent et quel est leur but dans la vie.

Les choses sont dites avec autant de fermeté par Gabriel Trarieux qui salue le théâtre de Maeterlinck (alors que la veine symboliste n'a d'ailleurs pas trop les faveurs de Proust). Ce qui n'en rend que plus singulière la voix du chroniqueur, décelant une modernité à l'écart de l'actualité dramatique qui touche apparemment la revue, écrivant que « pour éprouver dans toute sa force la beauté d'un pareil drame, il faut pouvoir évoquer nos banalités ordinaires, les bruits du boulevard à côté. Elle est telle pourtant que tout spectateur sincère (!), même après quelques minutes de résistance, s'y laisse ravir. Ce par quoi elle frappe je crois, ajoute Trarieux, c'est, tout ensemble, l'extraordinaire simplicité de moyens et le caractère de réalité impersonnelle et profonde, le caractère d'éternité de l'action. Les personnages mis en jeu sont nos contemporains ; ils pourraient être nous-mêmes ». « Contemporains » : le mot n'est pas dépourvu de piquant, puisqu'un peu de dissonance brouille l'harmonie du concert.

Raymond Koechlin, à propos d'un livre d'Edmond de Goncourt, quoiqu'un peu agacé par l'insistance du maître à se souvenir des « maisons vertes », c'est-à-dire des maisons closes qui lui rappellent celles qu'il avait fréquentées, évoque la figure d'Outamaro, « le peintre de la femme japonaise ». Outre la fascination d'alors envers les arts du Japon, il nous fait entendre la détestation violente pour le « japonisme », fût-il qualifié « de pacotille ». Ce japonisme qui se répand dans les couches aisées de la bourgeoisie parisienne est de plus en plus insupportable aux gens de goût car, dit Koechlin, « il n'en est que la caricature ».

Rappelons que 1890 est l'année où Clémence d'Ennery, l'épouse de l'auteur des *Deux orphelines* et de quelques autres succès considérables au théâtre, commence à assembler systématiquement, avec l'aide de Clémenceau, passionné de *kogo*, une collection considérable de *netsuke* qu'elle montre aux *happy few* quand ils sont conviés dans son hôtel particulier de l'avenue du Bois. Du 25 avril au 22 mai

1890, le marchand Samuel Bing organise à l'École des Beaux-Arts une exposition événement qui présente 760 estampes japonaises de première qualité.

Or c'est grâce à cette exposition que Raymond Koechlin éprouve un coup de foudre pour l'art japonais (au point que, saisi d'une « collectionnite aiguë », il va se mettre à amasser une collection d'estampes). La livraison du mois de juillet du *Mensuel* est témoin de cette passion naissante... Ce qui n'est pas dit en revanche, c'est que Raymond Koechlin, alors condisciple de Proust à Science Po, a épousé deux ans plus tôt la sœur d'Otto Bouwens, Hélène. Très douée et ayant un talent de peintre, la jeune femme mourra à 32 ans le 15 juin 1895.

Marcel Proust entre en scène.

« La fureur de se faire imprimer, si contagieuse de notre temps, tourmentait de longue date notre petit clan de Condorcet », dira Robert Dreyfus dans ses *Souvenirs*. Du clan, Proust est le seul à s'échapper, faisant bande à part comme si « la petite société des quatre amis » avait volé en éclats. Proust mettra ensuite un an à retrouver, grâce au *Banquet* de Fernand Gregh, ses camarades de Condorcet. Ni Daniel Halévy ni Jacques Bizet n'écriront dans *Le Mensuel*, seul Robert Dreyfus reçoit une récompense ou un lot de consolation, comme on voudra, en publiant une fois sous ses initiales. Parmi ses autres chers oubliés, très oubliés, seul Gaston Arman de Caillavet, le fiancé de la blonde Jeanne, sera brièvement salué par Otto Bouwens pour le *Fructidor* auquel il a collaboré, « dont un grand nombre de couplets sont très réussis », sans parler de « la séduisante Mlle Deval ».

Les a-t-il écartés ?

L'année du *Mensuel* ressemble non seulement à une parenthèse, mais à une brouille entre les amis jurés qui se disperseront, après une dernière tentative d'écriture collective à l'été 1893 – un roman épistolaire à quatre mains qui n'aboutira pas. « Pourtant, un fait demeure : ils furent les premiers lecteurs d'une œuvre qu'ils pouvaient voir dès l'origine s'élaborer sous leurs yeux. Mais eux n'en étaient pas conscients »[11].

Il y a fort à parier qu'Otto Bouwens se charge de l'essentiel de la rédaction de sa petite revue. Le plus souvent sous anonymat, Otto doit écrire lui-même jusqu'aux trois quarts de la revue. Le quart restant se partage par moitié entre les invités, les 6 ou 7 collaborateurs extérieurs très sporadiques, et Proust donc qui, à la différence de

11. Anne Borrel, « La petite société des quatre amis », in *Proust et ses amis*, *op. cit.*

ces derniers, collabore à la revue dès le numéro 2 et à neuf reprises jusqu'au dernier numéro du *Mensuel*.

Ce n'est que dans ce dernier numéro qu'apparaît, une unique fois dans *Le Mensuel*, la fameuse signature « Marcel Proust », en septembre 1891. Nous nous en étonnons aujourd'hui comme d'une discrétion extraordinaire. Pourtant cet anonymat n'est pas propre à Proust, il semble une sorte de règle du jeu, l'indication du nom n'étant qu'exception. Aucun article ne paraîtra jamais sous le nom d'Otto Bouwens. Pour preuve de ce jeu de masques, « Quidam » est carrément la signature de l'article sur le droit aux vacances. Quant au « Y » dont Proust se sert une fois, la signature est utilisée à nouveau, certainement par un autre auteur tant l'article sur la généralisation de la censure ne semble pas, stylistiquement, venir de sa plume.

Proust aurait publié onze textes dans la revue d'Otto Bouwens (le conditionnel est de rigueur). Hormis les deux textes personnels « Choses normandes » et « Souvenir » déjà évoqués, il accapare pour l'essentiel les rubriques du music-hall, de la peinture et de la mode[12].

---

12. C'est à Jean-Yves Tadié que nous devons l'attribution à Proust de la plupart de ces textes publiés sous pseudonymes dans *Le Mensuel*.

Proust aurait donc commencé par être « Étoile filante ». Quel beau début, quoiqu'un peu disproportionné par rapport aux dix lignes de carnet mondain – agenda qui ne sera plus signé par la suite, laissant supposer que Proust n'en sera plus le rédacteur. Le petit Marcel danse quelques entrechats avec plusieurs personnages illustres dont le président de la République et Madame, et Renan, et Réjane. Cette même année, le jouvenceau tourne autour de la mère de son ami Jacques Bizet, Madame Straus. La jeune veuve, qui a à peine dépassé quarante ans, ouvre à l'aspirant dandy les portes du monde et les intermittences du cœur. Il la couvre de chrysanthèmes, de déclarations sidérantes : « Je ne sais vraiment pas, Madame, comment vous remercier de l'extase que cela m'a procuré de vous entendre me dire que vous êtes aussi amie avec moi qu'autrefois »[13]. Bientôt ce sera Laure Hayman qui le recevra, puis la princesse Mathilde, d'autres égéries encore avec lesquelles il joue d'extravagantes parties de billard sentimental.

La conclusion la plus importante peut-être du carnet de Proust est d'annoncer que le peigne en écaille est autant porté à la ville qu'au théâtre. Les mois suivants, deux de ses chroniques seront longuement

13. Lettre à Madame Straus, 13 novembre 1891, in *Correspondance*, tome I.

consacrées à la mode, et placées à nouveau sous le nom d'« Étoile filante ». Voilà du moins une plus fastueuse entrée en matière pour un jeune homme qui ne détesterait pas être remarqué, se faire voir, bien ou mal peu importe.

« De plus en plus petit, le chapeau se hisse sur les frisures comme un accent circonflexe ». La mode féminine est un art de la vie quotidienne, une langue, une écriture. Proust n'a sûrement pas oublié que Mallarmé avait publié une revue en 1874, *La Dernière Mode*, qui eut huit numéros et dont il fut l'unique rédacteur sous des pseudonymes pour la plupart féminins.

Proust a dix-neuf ans, et c'est un tailleur pour dames qui s'exprime, un costumier, une habilleuse. Il touche les tissus, il les froisse : la robe de drap, la jupe plate, le corsage en grande basque (« un refuge pour les hanches critiquables »), la grande jaquette, la pèlerine demi-longue, la vigogne (si légère qu'il en fera plus tard son manteau), le taffetas, la mousseline de soie, le tulle, la dentelle, les rubans, les couleurs tendres, les couleurs sombres. Marcel costume ses poupées. Il est dans la cabine d'essayage, à l'intérieur du vestiaire défendu, au milieu des vêtements qui jonchent les tapis. Il y a tant de trésors « que c'est à ne pas savoir par où commencer, et à en perdre la tête », se réjouit-il.

C'est un harem de femmes invisibles dont les mots portent l'empreinte, épousent les formes. Marcel caresse les tailles, il étreint les bustes. « Vous soupirez, Madame ; vous avez de l'an passé une jaquette en loutre ; elle vous a coûté les yeux de la tête ! et voilà que cette vilaine mode vous forcerait à y renoncer ».

À travers ses modèles, il apostrophe ses lectrices. Il est le confident. Il cherche à plaire à toutes. Qui voudrait-il gagner à la lecture du *Mensuel* ? À la fin du premier article le feuilletoniste promet de revenir bientôt pour aborder la robe de bal, « c'est-à-dire l'infini ».

Deux mois plus tard, il se dédit, car l'article mode « doit avant tout, viser à l'à-propos ; il lui faut un peu devancer son époque », et la robe de bal est éternelle. Presque. L'homme des salons ne cessera d'être un survivant, le témoin d'une époque qui l'a précédé. Aujourd'hui, écrit-il, « l'obstacle est tombé : la jeune fille est presque devenue une jeune femme, et je le déplore. Ce sont paraît-il les Américains qui nous valent ce changement ». Le voici en équilibre, car en bon amateur de mode, il redoute tout autant le démodé : « Surtout évitez le vêtement brodé de cabochons de jais, le clou de la saison ! il est tombé dans la vulgarité ; c'est le clou de la pièce d'hier. » Il aime l'audace, l'impertinence : on porte de tout ; on accepte tout sous l'escorte de la grâce et du goût. Même le gris, dit-il, peut parvenir à être sublime.

Jouant le jeu jusqu'au bout, Proust patine, il glisse tout à coup par une inadvertance très contrôlée un « je me suis mise, je crois, dans un mauvais cas ». L'arbitre des élégances voudrait être l'une des « grandes faiseuses » qu'il idolâtre. Il écrit, il est femme, il est homme, il est déjà tout à volonté, je est un autre, un personnage parmi quantité d'autres. Le chroniqueur promet au lecteur, *in fine*, de le délivrer de lui-même, d'« Étoile filante ».

Car, attention, il est aussi « Fusain » pour parler peinture. Il sera « De Brabant », il sera « Y », il sera « M.P. », il sera « Bob » aussi – une manière de clin d'œil à Robert Dreyfus ? Il sera « Pierre de Touche », on le sait. Il y a certainement le goût du temps qui a abusé de noms fictifs, mais rien de sérieux dans tous ces noms de plume. On ne sait pas qui s'y cache. Mais personne ne peut y croire.

Le bal masqué est lancé. Tout en n'étant plus le fils Proust, c'est déjà une façon de mettre en scène l'actualité, de glisser la fantaisie dans le compte rendu, de se cacher le visage pour mieux pouffer de rire. Est-il sérieux, est-il méchant ? La mode, la peinture, le music-hall, la poésie, la description, tout cela lui donne le vertige. L'aspirant écrivain apprend à toute allure l'ubiquité qui lui plaira tant. Proust entre dans la ronde de ses propres personnages. Il a ses goûts, bons ou mauvais, mais sait-on toujours qui parle en lui ? C'est cela que l'on voit apparaître dans les proses du *Mensuel*. Un homme qui adore les masques, un homme qui est fou de mensonges et d'illusions pour dire sa vérité. Mais la vérité ne le préoccupe pas encore. À 20 ans, qu'a-t-on à faire de la vérité ?

À 20 ans, on est prêt à se battre en duel, on porte des moustaches postiches ou de fausses barbes, on prend des airs, et le petit Marcel s'y entend. Écoutez, il frappe les trois coups. Ainsi débute sa critique de l'Exposition internationale de peinture à la Galerie Georges Petit installée dans un vaste espace de la rue de Sèze, juste derrière la Madeleine : « Petite salle, petits tableaux, et j'allais dire, injustement, petit art. » Et puis la suite est une rétractation en bonne et due forme : « et si on est troublé au premier coup d'œil, on est enchanté ensuite de la variété des manifestations actuelles de l'art ».

Le critique peut être content d'avoir produit son effet. Il n'a pas vingt ans, et il voudrait parler en vieux sage des « révoltes d'une jeunesse troublée par les tendances actuelles » qui sont « très naturelles » et qui existent en littérature, en poésie, au théâtre, dans la peinture, à ceux que révulsent « l'enseignement classique, la science de la composition ».

Le jouvenceau est déjà bon élève. C'est un portrait flatteur qu'il distille entre les lignes, vantant le mérite des « longues années d'études d'après les maîtres ». « Il faut une grande force de caractère, dit-il non sans rire, pour résister au courant. » Mais ce sera l'un des grands paradoxes de son œuvre à venir d'être si actuelle en étant si passéiste, si novatrice tout en étant résolument tournée vers le temps perdu. Résister au courant, comme le dit le jeune Proust du *Mensuel*, qu'est-ce ? Ce serait céder à l'instinct, cultiver les ébauches, s'inspirer de « quelques albums japonais » et de « beaucoup de photographies instantanées ».

Entre décembre 1890 et mai 1891, on voit tout de même le jeune écrivain qui évolue, Marcel qui se met à devenir Proust. En six mois, il cessé d'être professoral : « Au reste, ce sont des impressions que je note, impressions toutes personnelles et que je reconnais sujettes à caution et à répartie. » Lui a-t-on fait reproche de ses airs doctes, ou a-t-il deviné qu'un petit monsieur parlait trop fort en lui, et qu'il était temps de chercher à devenir sincère ?

Anciens et modernes, « ces étiquettes peut-être ne signifient pas grand chose ». Bigre, que se passet-il ? Le mot « impression » colle à la plume. Quelque chose de presque inavouable vient en écho sous le titre « Impressions des salons », quelque chose rôde dans l'art poétique express que délivre le jeune critique, « parce qu'au fond le but à atteindre est toujours le même et qu'il s'agit des deux parts – nul ne le conteste – de se rattacher directement à la nature et de rendre aussi heureusement que possible les impressions qu'elle a fait éprouver à l'artiste ».

La galerie de Durand-Ruel expose précisément en mai 1891 les peintures de Monet (ses meules de foin). La galerie est la rivale de la galerie de Georges Petit, qu'a arpentée quelques semaines plus tôt l'envoyé spécial du *Mensuel*. Mais c'est chez Georges Petit que Renoir sera exposé l'année suivante. Pourtant « les deux clans de peintres qui se font la guerre » selon Proust, la jeunesse contre l'École, ne sont pas ceux qu'on croit. Ce sont ceux des Champs-Élysées contre ceux du Champ-de-Mars, où, pour la première fois en 1890, exposent les artistes de la Société nationale des Beaux-arts, présidée cette année-là par Meissonier. Là-bas, cancane notre petit cicerone, « le nombre de tableaux médiocres est moins énorme » que du côté de l'Académie.

Proust ne cite aucun peintre impressionniste mais tout de même Eugène Carrière (1849-1906), dont les clairs-obscurs sépia, intenses et exagérés à la fois, semblent le laisser interloqué, pantois devant « ses œuvres si curieuses ». Un autre, capital au point qu'il sera l'un des modèles d'Elstir, est pour l'heure jugé « intéressant », c'est le grand Whistler (1834-1903), venu d'Amérique en France au début du Second Empire, qui expose une marine « bien exquise ». Du côté des sculpteurs, auxquels Proust remettant sa copie n'ose « s'attaquer », on peut citer Falguière et Rodin.

Celui qui a le droit à plus d'égards, celui qui inspire mieux que des compliments est Puvis de Chavannes (1824-1898), qui a joui d'un rayonnement considérable dans tous les milieux de la peinture de son époque. « On s'élève au-dessus de la terre avec Puvis de Chavannes, ou plutôt on voudrait s'élever avec lui dans ce monde de rêve, de paix profonde, dans cette atmosphère voilée, mais nullement pesante, où vivent des personnages d'une vie éthérée, mais non irréelle ; ce beau paysage, on croit le connaître ; on a ressenti dans quelque jour heureux la joie d'une belle journée d'été, mais non pas, certes, avec cette force, cette intensité. Le charme des deux panneaux pour le musée de Rouen ne pénètre que peu à peu, mais il finit par vous isoler de toutes les peintures qui les entourent. Que sera-ce quand on les verra en place, sans cette tenture rouge qui, au premier abord, en détruit la suave harmonie ? Puvis personnifie le rêve, la vie contemplative. »

Où Proust fait montre le plus d'originalité, c'est en célébrant « peut-être notre poète le plus génial », Émile Gallé le verrier. « Une aile de hibou, des oiseaux dans la neige, des libellules aux couleurs sombres ou éclatantes, lui servent de thème et l'amènent à nous faire vibrer tout entier. »

C'est avec les portraitistes de la bonne société parisienne que Proust retrouve l'univers avec lequel il est en symbiose ; Léon Bonnat (1833-1922) ou Carolus-Duran (1837-1917), figures quasi officielles dont les ateliers ont vu passer beaucoup de disciples tout aussi talentueux, dont beaucoup d'étrangers, tels John Singer Sargent (1856-1925), Charles Chaplin (1825-janvier 1891), Giovanni Boldini (1842-1931), Alfred Stevens (1823-1906), et aussi celui qui va bientôt le rendre immortel, éternellement jeune, Jacques-Émile Blanche (1861-1942), « très curieux, écrit-il, d'un mouvement un peu outré parfois mais bien observé ».

N'empêche que Proust est au bord du vide. Les impressionnistes montent en puissance. En attendant Elstir, Proust ne prononce pas les noms de Manet et de Monet (dont à la génération précédente, Théophile Gautier, son idole, remarquait qu'ils avaient par malice peut-être presque le même nom, et qu'il avait peut-être tort de n'y rien comprendre). Ni ceux de Renoir, de Degas ni de Sisley qui nous semblent pourtant les peintres de son propre univers enchanté, et ses pairs.

Au lieu de quoi Proust note tous ces noms qui ont compté, et que nous avons sûrement un peu injustement oubliés. Albert Edelfelt (1854-1905), le peintre finlandais qui fréquente les salons littéraires parisiens (on connaît au moins son portrait de Louis Pasteur en 1885), Étienne Dinet (1861-1924), orientaliste qui se convertira même à l'islam, Anders Zorn (1860-1920), suédois très réputé dans le monde entier, installé alors à Paris depuis 1888, et Marcellin Desboutin (1823-1902), Frédéric Montenard (1849-1926) qui sera peintre officiel de la marine, Eugène-Baptiste Dauphin (1857-1930), René Billotte (1846-1915), élève d'Eugène Fromentin et ami de Maupassant (il aime la neige), le grand portraitiste Albert Besnard (1849-1934), Gotthardt Kuehl (1850-1915), peintre allemand, Henry Lerolle (1848-1929) au talent si musical, Pascal Dagnan (1852-1929), Auguste Lepère (1849-1918), Albert Lebourg (1849-1928), Jean-Charles Cazin (1840-1901), Gustave Courtois (1852-1923), Émile Barau (1851-1930), Léon-François Kowalsky (1856-1931), Théodule Ribot (1823 - septembre 1891), Pierre-Georges Jeanniot (1848-1934), Antoine Vollon

(1833-1900), Jules-Élie Delaunay (1828-septembre 1891), Léonard Jarraud (1848-1926), Karl-Ernst von Stetten, Madame Roth, ou Virginie Porgès qui suivit l'atelier de dames de Jean-Jacques Henner, parce que les femmes ne pouvaient être admises aux Beaux-Arts, comme le fit Hélène Bouwens, peut-être, la sœur d'Otto.

Ces peintres occupent une des zones franches de l'histoire de l'art, quoique les frontières étaient bien moins strictes que nous le concevons. Jean-Louis Forain (1852-1931), qui fut l'élève de Jean-Léon Gérôme aux Beaux-Arts, fréquente Degas et Manet, il a exposé avec le groupe des impressionnistes entre 1879 et 1886, avant de se lancer dans le dessin satirique. Marcellin Desboutin a été peint en « Artiste » par Manet et par Degas au côté de l'actrice Ellen Andrée dans *L'Absinthe* (1876). Jeanniot est ami avec Manet et vénère Degas comme un maître, Alfred Stevens pareillement. Théodule Ribot est admiré de Monet, de Boudin, de Fantin-Latour. Proche d'Ernest Chausson comme de Debussy, Lerolle, qui est aussi violoniste, collectionne les œuvres de Degas, de Monet, de Renoir, qui peint même son portrait. Degas l'a photographié avec ses filles autour d'un miroir. Même Carolus-Duran, qui fut influencé par Courbet, était ami de Manet et de Fantin-Latour…

Hormis les peintres de natures mortes comme « le grand maître Vollon », la plupart de ces artistes ont un point commun sans doute, en ces années 1890 et 1891, ils rêvent moins de peinture que de produire des images pour ainsi dire en mouvement. Ils veulent capter le temps, l'espace, prouver la suprématie de la peinture sur la photographie, la supériorité de l'art sur la reproduction mécanique. Mais encore après Gérôme, après Henri Gervex et leurs grandes machines, la peinture de la fin du XIXe appelle le cinéma. Plus exactement, elle cherche à animer le temps et l'espace, à saisir le geste, le moment fugace, la situation quotidienne ou presque, l'instant d'avant, l'instant d'après, tout cela avant que le cinématographe soit inventé ou même imaginé. Recherche du cadrage, profondeur de champ, suggestion du hors-champ, effet de montage, travail de la lumière, sens du récit, c'est tout cela que l'on peut trouver dans *Une noce chez le photographe* (1879) de Dagnan, *Le Jardin du Luxembourg* (1883) de Edelfelt, *Une famille* (1890) de Besnard, dans *La Répétition à l'orgue* (1885) de Lerolle (1885), *L'Atelier* (1888) ou *Portrait de jeune fille avec corsage rouge* (1890) d'Alfred Stevens…

Malgré lui, au moins parce que ses yeux ont vu ces peintures, Proust critique d'art laisse entrevoir cette compétition incertaine, comme il en existe souvent pour les inventions techniques ou scientifiques. Il témoigne de ce dernier combat que livre la peinture, une certaine peinture, au dernier tiers du XIXe siècle, pour occuper le terrain, avant d'être dépassée par Thomas Edison et par les frères Lumière.

Quant à la révolution du cinématographe (il n'y a plus que cinq ans à attendre), Proust ne la comprendra jamais : « Quelques-uns voulaient que le roman fût une sorte de défilé cinématographique des choses. Cette conception était absurde. Rien ne s'éloigne plus de ce que nous avons perçu en réalité qu'une telle vue cinématographique » (*Le Temps retrouvé*). La palpitation de chaque instant, la lumière, les changements d'échelle, la mémoire involontaire qui constitueront, parallèlement, la puissance même du cinéma seront toujours occultés pour lui par l'horreur mécanique que suscite le mot « défilé », un mot-écran. Le temps imperceptible, le temps infini sera interdit à ses yeux par le temps de l'action. Paradoxe, l'illusion du mouvement des images deviendra chez l'amateur de lanterne magique le point de rupture avec la poésie en puissance dans toute image – comme si le procédé même du défilement, de la répétition, de la reproduction, détruisait à jamais chaque image, au fur et à mesure qu'il les animait.

Arthur Rimbaud, qui s'était tu depuis plusieurs années, va mourir en novembre 1891. Quelques mois plus tôt, en février, Marcel Proust publie un poème dans *Le Mensuel*, qu'il signe presque. « M. P. » apparaît, c'est un début. Mais la poésie n'est pas son fort.

Bien plus intrigants que les « yeux indifférents, langoureux et mystiques », sont les messages codés qu'il envoie sans doute, à travers l'exergue (« Amants, heureux amants », venue des « Deux pigeons » de La Fontaine) ou à travers la dédicace : « À Gustave L. de W. »... Gustave Laurens de Waru [14] est l'un des amis qui comptent pour Proust à ce moment, et le neveu de Laure de Sade, la comtesse de Chevigné à laquelle il déclarera une flamme d'autant plus ardente que Laure ressemble à son neveu, comme se ressemblent Saint-Loup et Oriane de Guermantes.

Proust n'écrira pas d'autres poèmes pour *Le Mensuel*, mais dans la rubrique « Variétés » d'avril suivant, il publie sous le pseudonyme de « Y » un compte rendu d'un recueil poétique, *Confiteor*. L'éditeur, Au comptoir d'édition, étant situé au 14, rue Halévy, c'est probablement la seule mention, très obtuse, du nom de famille de l'un de ses meilleurs amis du lycée Condorcet, Daniel Halévy, petit-neveu

14. Selon la note que lui consacre le volume des *Écrits de jeunesse*.

du compositeur Jacques-Fromental Halévy, qui était aussi le grand-oncle de Jacques Bizet… Si Daniel Halévy comme Jacques Bizet, en dépit de l'attrait y compris physique qu'ils ont exercé malgré eux sur le jeune Proust, sont radicalement absents de la revue, quel rôle y joue l'auteur de *Confiteor*, Gabriel Trarieux, bien qu'il ait également fréquenté Condorcet ? Pourquoi ce compte rendu dans une revue qui en a comporté si peu ? Est-ce la qualité exceptionnelle de ce recueil ?

Il est difficile de le penser. Ce qui en est dit en avril 1891 n'incline pas à le croire. Tout y est écrit en chausse-trappe. La première ligne, d'abord, est un bijou d'hypocrisie : « *Le Mensuel* a bien peu de place pour rendre compte du volume de vers que vient de publier M. Trarieux ». Pourquoi cette précaution, alors que presque deux pages pleines seront consacrées à la plaquette ? Ironie ? Réponse du berger à la bergère ? Les deux pages, ensuite, ont vite fait d'être hérissées de pointes. « À peine pouvons-nous recommander d'une manière spéciale celles qui nous ont plu davantage parmi les pièces qui le composent… » Les compliments laissent craindre le pire : « Nous désirons avant toutes choses être sincère avec M. Trarieux. Aussi lui dirons-nous très franchement que nous avons été surtout satisfait dans son livre par de nombreux vers isolés ».

L'éloge est feutré de mauvaises intentions : « Pourquoi faut-il que ce don très personnel et très intime nous soit gâté par l'influence artificielle de certains poètes compliqués ? » La critique énumère en passant quelques rosseries : « une poésie (…) quelque peu factice à notre gré », ou « la forme nécessairement un peu naïve que revêtaient, nous semblaient-ils, des pastiches de poètes défunts ». De même manie-t-elle avec dextérité l'antiphrase, admirant ce poète qui a « sûrement réfléchi sur les souffrances qui viennent du cœur ». Gabriel Trarieux, qui, en dépit de son âge tendre, est d'un bout à l'autre nommé « M. Trarieux », est surtout reconnu comme un bon poète dès lors qu'il n'est pas, à peu près tout le temps semble-t-il, sous l'influence de Leconte de Lisle ou de Victor Hugo, alors que l'on retrouve en lui « presque tout le génie de Verlaine » voire de Jules Laforgue. Manière doucereuse de dire que ce poète n'a rien – presque – de bien original. « Peut-être est-ce parce que nous aimons beaucoup ces poètes que nous voudrions mettre auprès d'eux M. Trarieux. » Ce qui s'appelle le coup de pied de l'âne.

Il est difficile de croire que le corbeau, le dénonciateur anonyme de Gabriel Trarieux, aurait pu être l'homme à tout faire de la revue, le maître des lieux, Otto Bouwens. Le mois suivant, en mai 1891, un article de Gabriel Trarieux paraît en effet dans *Le Mensuel* (le compte rendu de la mise en scène de *L'Intruse* de Maurice Maeterlinck) et il est publié sous son nom. On sait combien c'est exceptionnel. Il serait assez invraisemblable qu'Otto Bouwens ait pu être si fielleux à l'égard du premier ouvrage du jeune poète pour, le mois suivant, lui ouvrir, et publiquement, les colonnes de son journal.

Le feuilleton secret, écrit à l'encre antipathique, n'est pas achevé. Après la critique signée « Y », Gabriel Trarieux a droit à une troisième mention dans la revue. C'est beaucoup pour un seul homme, beaucoup pour un seul livre. En septembre, dans le numéro 12 qui sera le dernier, Proust termine ses « Choses normandes » par une phrase sans queue ni tête, c'est-à-dire sans aucun lien avec la description du paysage qui l'a occupé jusque-là. Il faut conclure, alors il écrit : « C'est là que je rentre, car la nuit tombe, et je vais relire pour la centième fois le *Confiteor* du poète Gabriel Trarieux… »

Les points de suspension sont de l'auteur. Et la signature, pour la première et unique fois, suit l'article : Marcel Proust. Mais que fait-on d'ordinaire « pour la centième fois », si ce n'est recopier des lignes de punition ou réciter à genoux une prière ? Le *Confiteor* appelle la pénitence, l'acte de contrition. L'amende honorable n'en paraît pas plus sincère pour autant. Marcel rit comme un bossu dans l'ombre du confessionnal.

Bouwens n'aurait-il pas perçu sur le moment toute l'acidité de la note de lecture, et cette phrase serait-elle la réparation publique exigée de lui par le directeur ? Mais d'abord pourquoi avoir parlé d'un livre peu exceptionnel dans une revue qui ne parle pas, sauf exception, de livres ?

Proust aurait été envoyé en service commandé. Il se serait amusé à se plier à l'opération de mauvaise grâce, en faisant preuve d'excès de zèle. Pourquoi ? À quoi bon ? Si Gabriel Trarieux et Marcel Proust se connaissaient, ils ne se fréquentaient guère. Condisciple de Proust au lycée Condorcet en rhétorique et en philosophie, puis à l'École des sciences politiques et à la faculté de droit, Gabriel n'a été aucunement un des intimes de Proust[15].

C'est un compagnon qui se prend trop au sérieux, un fort en thème auquel Proust se serait plu à donner une leçon, alors qu'ils ont le même âge. Sujet précoce, premier de la classe, lauréat du Concours général, Gabriel Trarieux est celui qui prononce les discours de la Saint-Charlemagne à Condorcet. Né à la toute fin de l'année 1870,

15. *Ibid.*

quelques mois avant Proust, il est le premier à publier (et publiera plusieurs autres livres), c'est un jeune espoir, un futur poète en vue.

Confiteor paraît en 1890, et contient un sonnet intitulé « Le Temple », qui est même dédié à Marcel Proust. Mais l'amitié que porte Gabriel à Marcel n'est pas sous le sceau de la réciprocité. Proust en 1893 écrit à son ami Robert de Billy qu'il a fui une invitation de Trarieux, de peur que ce dernier donne une lecture de ses poèmes. Il se plaint même qu'il fasse dans les salons « le joli garçon »[16].

Gabriel Trarieux est un rival. Il a tout l'air d'un reflet dans le même miroir, un reflet peu flatteur. C'est un mauvais double. Il est quelque peu troublant de constater que Proust, dans son article du *Mensuel*, s'attarde sur un seul poème de *Confiteor*. Or ce poème s'intitule « Le rêve de Judas ». Le compte rendu du premier recueil de Gabriel Trarieux voulait-il être le baiser de la mort ?

Quand paraît en janvier 1923 le numéro de *La Nouvelle Revue française* en « Hommage à Marcel Proust », Robert Proust évoque son aîné avec affection. Robert résume la vie et l'œuvre de son frère, il cite trois grands amis de jeunesse de Marcel, trois

---

16. Lettre à Robert de Billy, septembre 1893, in *Correspondance*, I.

seulement, comme les trois mousquetaires. « C'est au cours des années qui suivirent son volontariat que, malgré une santé fort délicate, il put commencer à préparer ses premiers ouvrages et cultiver des amitiés très chères en passant ses soirées dans des milieux où il rencontrait ses amis de Flers, Caillavet, Trarieux[17]. » De petites chandelles scintillent devant l'image pieuse. Parmi les trois icônes, pourquoi placer Gabriel Trarieux ?

Flers et Caillavet sont devenus des auteurs dramatiques à succès, ce sont des personnes respectées et respectables, d'autant plus fréquentables *a posteriori* : Gustave Arman de Caillavet était mort en janvier 1915, quant à Robert de Flers, que le petit Marcel a lui aussi vainement pressé de ses assiduités, Proust lui avait consacré en janvier 1898, dans la *Revue d'Art dramatique*, de son vivant comme s'il était en son tombeau, un éloge dithyrambique (« Seul d'entre nous tous il me paraît travailler à la seule chose importante, à transformer la vie autour de nous, de façon à ce qu'elle devienne, au lieu de la forteresse de la bêtise, le temple du beau, au lieu du repaire de la méchanceté, l'asile de la justice »). Quant au choix du nom du troisième mousquetaire

---

17. « Marcel Proust intime », *La Nouvelle Revue française*, « Hommage à Marcel Proust », janvier 1923.

de la belle époque, Robert Proust n'avait que l'embarras, quitte à en citer au moins deux pour réduire l'hésitation entre Jacques Bizet, Robert Dreyfus, Daniel Halévy, Louis de la Salle, Robert de Billy... Mais c'est Gabriel qui occupe cette place convoitée, et il y a de quoi être interloqué de le voir figurer *a posteriori* dans le peloton des meilleurs amis. Outre qu'il est alors un écrivain confirmé, en matière de poésie comme de théâtre, il est devenu entretemps le fils d'un ancien garde des Sceaux, Ludovic Trarieux, qui fut le fondateur de la Ligue des droits de l'homme et du citoyen, et parmi les premiers un ardent dreyfusard.

Trente ans plus tôt, en 1891, Gabriel Trarieux n'est pas seulement un étudiant aisé et un poète promis à un bel avenir, mais il est déjà le fils d'un grand avocat qui a été bâtonnier, qui fut député et qui, depuis 1888, est sénateur. L'influence politique et mondaine de la famille Trarieux n'est certainement pas à dédaigner quand on est Otto Bouwens, et que l'on cherche à lancer une nouvelle revue.

Il y a de l'opéra-bouffe dans l'air, la gaieté d'Offenbach. En 1891, Proust donne deux articles au *Mensuel*, qui sortent de l'ordinaire de la vie littéraire et artistique. C'est lui qui ouvre grand les portes au café-concert. En février, « M.P. » conjugue l'impertinence à l'intérêt cette fois mieux compris. La chronique porte un titre peu catholique étant donné ce qui s'y passe, « Pendant le carême ». L'article est dédié en toutes lettres et en lettres capitales – ce qui n'est pas rien – à Horace Finaly. Condisciple de Proust pendant plusieurs années, Horace est le fils d'un banquier, le patron et le fondateur de la Banque de Paris et des Pays-Bas.

C'est à une revue des lieux de fête parisiens que « Bob » nous conduit ensuite à travers ses « Endroits publics ». Bob se plaît d'ailleurs à faire des révérences à son alter ego, « notre collaborateur M. P. », auteur d'un article écrit en des termes « que l'on n'a pas oubliés »… Au lieu d'un mécène possible ou d'un hôte pour ses villégiature (il séjourne plus d'une fois dans leurs propriétés), Bob dédie sa prose à deux demoiselles, « Mesdemoiselles Rosa-Josepha ». Marcel est déchaîné : les dédicataires sont des phénomènes de foire, des sœurs siamoises (mais ne rêverait-il pas d'être le frère siamois de son frère Robert, dont Bob est le diminutif familier ?)

Ces deux articles sont des incartades dans l'activité littéraire de Proust. Autant ses autres contributions pour *Le Mensuel* préfigurent les premiers textes qu'il va écrire bientôt, dans plus ou moins tous les genres, en particulier pour *Le Banquet* avant de les reprendre dans *Les Plaisirs et les jours* (son premier livre, publié par Calmann-Lévy en 1896), autant ces deux incursions dans le domaine du music-hall brillent, à l'époque, par leur caractère d'exception. Quelque chose d'essentiel arrive en février et en juillet 1891, dont l'onde de choc va parcourir *À la recherche du temps perdu* – au-delà de la biographie même de son auteur dont tous les contemporains ont rappelé le goût pour, disons, le mauvais goût.

La première chronique enjambe la scène où se produit une chanteuse, mais en empruntant les coursives. Cinq conférences (d'où le jeu de mots sur les conférences de Carême) prononcées par Hugues Le Roux en sont le prétexte. Tout Paris est depuis quelque temps sous le charme d'une voix, d'une diction, d'une présence, celle d'Yvette Guilbert dont les chansons à double sens sont inimitables. « Vêtue d'une simple robe blanche qui fait ressortir encore ses longs gants noirs, elle ressemble plutôt, avec sa figure blêmie de poudre, au milieu de laquelle la bouche trop rouge saigne comme une coupure, aux créatures d'un dessin brutal et d'une vie intense dont l'œuvre d'un Raffaelli est semée. » Raffaelli illustra notamment Huysmans et Octave Mirbeau, mais, nous, nous apercevons maintenant Yvette Guilbert avec les yeux de Toulouse-Lautrec.

On a pu la voir dans *Pourvu qu'on rigole*, au Divan japonais de la rue des Martyrs, à l'Eldorado (où, sur le conseil de l'épouse du docteur Charcot, Freud, qui en raffolait, était venu l'écouter), à l'Éden-Concert, au Moulin Rouge, au Concert parisien. L'année 1891 est l'année où son succès devient éclatant, les journaux noircissent des pages sur elle, Jules Lemaître puis Francisque Sarcey qui font la pluie et le beau temps l'ont consacrée dès ses débuts, la sérieuse *Revue d'Art dramatique* en tire un objet d'étude au mois de janvier 1891. Avant de saluer « une étoile qui se lève », l'observateur de la *Revue* nous fait sentir le contraste entre l'étrangeté gouailleuse de cette femme et « le long défilé de chanteurs sans talent, à la voix éraillée, qui débitent avec prétention des romances sentimentales ou se livrent à de ridicules contorsions, pour faire applaudir des couplets absurdes ». Alors que la chanteuse se tient immobile sur scène, Yvette Guilbert méduse les spectateurs. Presque sans chanter, elle scande chaque syllabe, laisse entendre chaque mot, chaque demi-mot. Les strophes sont des scènes d'ombres chinoises. Elle sait en effet unir « une grande perversité à des airs de candeur, aussi fait-elle accepter les plaisanteries les plus grivoises », sans faire rougir les femmes du monde lorsqu'elles entendent « Le fiacre » ou « Madame Arthur », « Les trottins » ou « La petite curieuse ».

Malgré les apparences, le jeune Marcel ne s'avance pas trop en terrain miné. Précautionneux, il enrobe et entortille dans ses réflexions les mauvaises pensées qui le traversent, autrement dit le rire, le fou-rire dont il n'était pas bégueule. « Ce rire qui nous secoue au café-concert, – traduction de la joie malsaine que nous éprouvons à sentir notre passagère déraison, – notre raison en connaît les raisons », décrypte le jeune homme. Cette joie malsaine, il n'en dira pas plus ici, dommage.

Celle qui n'est pas encore la petite femme descendue d'une affiche de Chéret pour conduire un nouvel « embarquement pour Cythère », il l'admire « plus que personne », écrit-il sous la signature de M.P. Peut-être est-ce par remords pour déclarer un peu plus franchement sa flamme qu'en 1891 il lui enverra, par *Mensuel* interposé, un bouquet de roses imprimées, écrivant alors que « cette véritable et unique artiste, si savante et si spontanée, plane trop haut » pour la comparer à quiconque – Yvette Guilbert est d'ailleurs exposée depuis mai au Salon de la Société nationale des Beaux-Arts dans un délicat portrait par André Sinet, qui sera décliné en affiches.

Au mois de février précédent, Proust s'abritait encore derrière sa bonne volonté, pour regretter de ne pas la trouver du tout perverse. « C'est peut-être de l'ingénuité », concluait-il alors.

Ainsi la boucle est-elle bouclée, puisqu'en effet l'article de Proust emprunte une ruse pour évoquer Yvette Guilbert : il s'en prend et avec véhémence et sûreté d'arguments aux critiques, aux commentateurs, aux exégètes, aux « professeurs de beauté ».

S'en prendrait-il un peu à lui-même, à ce qu'il est encore, à la chrysalide qui l'empêche de s'envoler ?

Toutes les causes sont bonnes, le naturalisme « déjà démodé » qu'il abhorre alors qu'il règne en souverain, le dogmatisme de Jules Lemaître autant que sa subjectivité, l'impossibilité des critiques à juger des grandes œuvres et à expliquer leur manière d'agir sur nous, alors qu'ils s'avouent aptes à « faire la théorie de la "scie" » et à « constituer scientifiquement la chansonnette de café-concert », comme si le domaine de l'art échappait absolument, « par son essence quasi divine, aux investigations scientifiques » qu'ils réservent aux productions triviales en des termes éminemment élevés… Sans crier gare, Proust nous fait déjà pénétrer sur la pointe des pieds dans le salon des Verdurin.

Il est très probable que Proust a conçu son article comme une réponse au feuilleton de Jules Lemaître, « La Semaine dramatique » parue le 16 février

1891 dans *Le Journal des débats*, qui déplore qu'il n'y ait plus de mardi gras parce qu'il n'y a plus de Carême. Quelques lignes élogieuses y étaient consacrées à Yvette Guilbert, le feuilletoniste regrettant toutefois « que l'on fasse chanter des choses si plates » à cette « grande Diane des faubourgs ». Étonnant feuilleton du reste, où, quoi qu'en dise le jeune Marcel prêt à tout pour mordiller Lemaître, ce dernier n'avait cessé de se montrer très intéressé par les marges de l'actualité dramatique, avec une bien plus grande curiosité que son rival du *Temps*, « le prince de la critique », le très réactionnaire Francisque Sarcey.

« Jolie tête de jeune taureau, face de faune songeur avec deux yeux d'un bleu bien pur, bleus comme un reflet de pervenche dans une source claire », ainsi Marcel admirait-il Jules Lemaître deux ans plus tôt alors qu'il l'avait entrevu au Théâtre libre[18]. Mais c'est *L'Ingénuité fin de siècle*, titre des conférences d'Hugues Le Roux, qui requiert explicitement toute l'alacrité du jeune critique, tant les deux mots lui semblent inconciliables, tant Proust résiste aussi au tropisme de la fin de siècle à laquelle il voudrait ne pas appartenir, tant « cette femme si

---

18. « Impressions de théâtre », octobre 1888, écrit pour la *Revue lilas*, reproduit in Robert Dreyfus, *Souvenirs sur Marcel Proust*, Paris, Grasset, 1926.

drôle, si saine, si bien portante » est sans commune mesure avec les fleurs capiteuses du mal ou du vice dont certains respirent le parfum.

Alors que son livre précédent, *Au Sahara*, a été recommandé dans la livraison d'avril du *Mensuel*, Hugues Le Roux a repris dans un recueil, paru aussitôt après, ce qu'il avait dû raconter à peu de choses près lors de ses conférences au Théâtre d'Application. Le dernier chapitre de ses *Portraits de cire*[19] nous permet de l'écouter.

« GUILBERT… FIN DE SIÈCLE… disent les grandes lettres noires. Si j'entends bien ce que disent ces mots accrochés à la traîne noire d'Yvette comme une guirlande de fleurs mauves, écrit le conférencier, des fleurs demi-deuil, cela signifie que la gloire des belles-mères Gigogne peintes par tous les Rubens dans leurs apothéoses est décidément sur son déclin, et que l'idéal nouveau de beauté féminine est tout à fait dépouillé des liens de la matière… » C'est alors que le conférencier chargé de jouer le « père noble » pour parrainer la débutante pave de roses un peu trop artificielles le chemin de la divette, comme une diva. « Une jeune fille court tant de périls à ses débuts dans le monde, surtout celle-là », disait-il…

19. Hugues Le Roux, *Portraits de cire*, Paris, Lecène, Oudin et Cie, 1891.

Yvette Guilbert racontera dans ses mémoires que le bien oublié Hugues Le Roux lui fit, la première fois, une impression charmante tant son allure aristocratique le faisait paraître plus grand qu'il n'était en vérité. Mais que son éloquence était redoutable. « Le Roux pouvait "improviser" un discours deux heures durant, sans que jamais une syllabe fût hésitante, qu'une image se fît attendre (...) mais dans l'intimité, il avait pris une telle habitude "de parler" que, quel que fût le temps de ses visites, personne autre que lui ne pouvait placer un mot »[20].

Le beau parleur est en effet intarissable tel un hypnotiseur, évoquant aussi bien une séance de pose chez un sculpteur que les vierges de la peinture flamande, sa visite dans un bureau de nourrices de la rive gauche, Érasme, Molière ou les noces qui donnent envie aux messieurs de fréquenter les demoiselles d'honneur. « Chez Yvette Guilbert, cette ingénuité des yeux demi-clos, des lèvres serrées, est devenue matière d'art, disait encore le monsieur Loyal. Tous ces sentiments-là se mêlent un peu dans l'ovation que nous avons faite à Yvette Guilbert. Les uns vont à la femme qui est charmante, les autres

---

20. Yvette Guilbert, *La Chanson de ma vie* (1927), Paris, Grasset, « Les Cahiers rouges », 1995.

à l'artiste qui est douée. C'est une facile prophétie d'annoncer que le café concert ne la gardera pas. Elle me fait l'effet d'une petite souveraine qui entre dans son royaume par le faubourg. »

Du coup on comprend mieux pourquoi Proust a trouvé le boniment un peu fort de café. « Si du mélange savant du style lyrique et du style évangélique naît le style apocalyptique, le critique prend alors une posture de saint Jean au Nouveau Cirque qui n'est pas sans piquant », ironise-t-il.

Quand, quatre ou cinq mois plus tard, en faisant la tournée des grands boulevards, sous le masque en carton de Bob il s'en prend à nouveau au feuilletoniste soi-disant apocalyptique du *Journal des débats* – journal « moins austère que notre *Mensuel* », persifle-t-il. Mais cette fois le critique des critiques laisse au vestiaire sa toge de redresseur de torts. Il explore la nuit, quoiqu'il se fasse accompagner par ses amis Robert Dreyfus et Émile Philippi (on se demande, qui est-ce ?). Le voici qui s'aventure dans ces lieux mal famés, il les aime tout autant que les salons, que sont l'Horloge, l'Alcazar, les Ambassadeurs, les Folies-Bergères, le Nouveau-Cirque, le Cirque d'été, l'Hippodrome : « Mais aussi la place nous manque-t-elle pour flétrir comme je voudrais les taureaux aux cornes capitonnées et l'humanitaire inintelligence des lions de l'Hippodrome, qui ne se décideront donc, jamais, à manger un petit peu leurs dompteurs. »

Marcel, cette fois, descend dans l'arène, il se lance sur la piste, il ose plus que de coutume faire preuve de rire et de méchanceté. Il oublie d'être l'hôte si spirituel des salons et des expositions. Son masque d'apache lui permet d'être libre, bref d'appeler un chat un chat.

Comme Proust l'écrit, « le temps est peut-être venu de ne plus considérer nos plus surprenants chanteurs de café-concert comme de presque surnaturels fantoches ». Il s'y emploie, faisant revivre sous nos yeux tout ce petit peuple d'amuseurs publics dont nous avons souvent oublié les noms et qui grouille toujours dans la poussière de lumière. Clovis en cocher de corbillard mène le cortège tel un dieu d'autrefois fendant son chemin au milieu de « l'extrême abondance de gaieté où se noyait le souvenir de ses contemporains enterrés ». Un instant, nous apercevons au milieu de la fumée bleue des spectateurs qui gardent leur chapeau sur la tête, tout à la fois les buveurs de cerises à l'eau de vie et les acrobaties du pitre, les calembours et les contrepèteries de l'imitateur à la voix grasse.

Puis Sulbac arrive, le chansonnier paysan auquel ses propres couplets drolatiques font presque honte… « Et ce n'est pas le moins piquant plaisir qu'il nous donne que cette originale façon d'atteindre, à travers l'insuffisance des choses qu'il débite, le snobisme de nombreuses personnes acclamant son visage épanoui de glorieux et très sarcastique Chérubin ». Extraordinaire saut arrière, que cette manière imprévue d'attaquer le snobisme, et même le sien, qui aura une longue postérité dans *La Recherche*... Bien en avance sur « Mondanité de Bouvard et Pécuchet » qui paraîtra dans *La Revue blanche* à l'été 1893, c'est le moyen au passage d'écorner la réputation de « Pierre Loto, lieutenant de vessie ».

Combien l'œil et la bouche de Proust, plus que par les dames des toiles de Boldini, de Sargent ou de Carolus-Duran, sont-ils excités par les beautés aux fesses et poitrine plantureuses « à qui l'on désirerait moins de vêtements laissés au vestiaire ». Même s'il file sur les zézaiements et les grivoiseries de Mlle Valli ou de Mme Duparc, sans parler de toutes celles qui sont sifflées, ou d'une dégingandée sans nom ressemblant à la Goulue, les fameuses sœurs siamoises Rosa (qui est « assez ordinaire ») et Josepha (qui est bien intelligente, ou le contraire), il projette un faisceau de clarté sur Mlle Viguier, « fleur brune dont la peau créole est si mate ». Il semble qu'elle soit une étoile dont la lumière n'a pas mis des lustres à arriver sur la terre de l'avenue Gabriel.

D'un mot, le reporter croque le faux écossais Kam-Hill qui a « la témérité de réclamer des pommes », Brunin avec ses bras trop longs, l'inénarrable Paulus donc impossible à narrer vu le manque de place et le tas de lignes qui s'amoncellent déjà. Paulus est d'ailleurs si classique qu'on l'imite même au Conservatoire : « Voyez le masque tragique de M. de Max », chuchote Marcel que l'on entend encore secoué d'un affreux rire. Mais pourquoi ne parle-t-il pas de l'un des imitateurs de Paulus connu pour ses prouesses vocales, qui furent amplement enregistrées sur cylindres chez Pathé ? En ces années, ce chansonnier commençait à se produire en haut col et chapeau melon au Divan japonais, à l'Éden-Concert, à l'Alcazar : c'était un certain Louis-Napoléon Defer, qui, malgré ce patronyme étonnant, avait choisi pour nom de scène celui de Charlus.

Mannequin de cire ou chanteur de café-concert, tel apparaît Proust sous son costume de jeune mondain dans le portrait peint par Jacques-Émile Blanche, un an plus tard, en 1892. La toile présente un jeune homme en tenue de soirée, aussi noir qu'est blanc le *Pierrot* de Watteau, quoique nous illuminent le camélia et la blancheur du plastron « d'une finesse de grésil ». S'il pouvait parler, si sa voix avait été enregistrée, quels mots sortiraient de ses lèvres charnues ? Que dirait-il qui contredirait l'apparence figée plus qu'immobile de cette statue au regard vide, aux yeux d'amande, figure de proue posant en avance pour l'éternité ? C'est cette voix que l'on commence à entendre à travers *Le Mensuel*, ses éclats de rire, ses minauderies, son désir de séduire, son envie de tout voir et de dire son mot sur tout.

Ce portrait de Dorian Gray[21], comment s'étonner que Proust ait voulu le garder toute sa vie auprès de lui, à portée de regard ? On comprend son refus que Jacques-Émile Blanche vienne dans sa chambre peindre un nouveau portrait alors qu'il écrivait *Le Temps retrouvé*, « offre contre laquelle s'était insurgé le Marcel barbu, poivre et sel, que poignait l'effroi de la déchéance physique »[22].

Comme lorsque l'on écoute l'intérieur d'un coquillage, d'autres rumeurs devraient nous parvenir, d'abord celle du bord de mer où commence l'histoire du tableau.

En même temps que sort le dernier numéro de la revue d'Otto Bouwens, alors qu'il vient d'écrire « Choses normandes » pour *Le Mensuel* et

---

21. La formule si juste est de Jean-Yves Tadié dans sa biographie de Proust.
22. Jacques-Émile Blanche, *Mes modèles* (1928), Paris, Stock, 1984.

que son nom est paru pour la première fois au bas de ce texte très littéraire, pour ne pas dire plus, le 1er octobre 1891 à Trouville, le peintre Jacques-Émile Blanche dessine au crayon une esquisse de son jeune ami qu'il connaît depuis quelques années. La scène se passe aux Frémonts, avant le dîner, à l'intérieur d'une villa de la campagne normande, où « depuis quelques jours on peut contempler le calme de la mer dans le ciel redevenu pur, comme on contemple une âme dans un regard » (« Choses normandes »).

Proust a juste 20 ans. Quelques mois plus tard, au printemps 1892, *Le Banquet* réunit les amis retrouvés autour de Fernand Gregh. Jacques Bizet, Robert Dreyfus, Daniel Halévy sont là cette fois avec Proust, Flers et Caillavet aussi, Horace Finaly, plus tard Gabriel Trarieux, mais jamais la moindre trace d'Otto Bouwens au sommaire de la nouvelle revue qui aura 8 numéros.

Chaque samedi, Marcel part avec ses parents jusqu'à Auteuil où ils passent les beaux jours en famille. Le matin, il pose pour Jacques-Émile Blanche, qui a décidé cette fois de peindre son portrait à l'huile. Un déjeuner s'ensuit parfois sous la protection du bon docteur Blanche. « Si j'émettais une opinion que Jacques Blanche contredisait avec trop de force, le docteur, admirable de science et de bonté, mais habitué à avoir affaire à des fous, réprimandait vivement son fils : “Voyons, Jacques, ne le tourmente pas, ne l'agite pas. – Remettez-vous, mon enfant, tâchez de rester calme, il ne pense pas un mot de ce qu'il a dit, buvez un peu d'eau fraîche, en petites gorgées en comptant jusqu'à cent[23].” »

Malgré plusieurs rencontres dans « le ravissant atelier de Jacques Blanche »[24], la peinture du portrait n'aura pas été une aventure de tout repos. En 1922, après la mort de Proust, Jacques-Émile Blanche ne retient pas les mêmes souvenirs que son ami. « L'exécrable étude » qu'il avait peinte de Proust, écrit-il dans l'hommage de *La NRF*, avait au moins pour avantage d'être « très ressemblante ». Le fils du docteur Blanche affirme à cette occasion qu'insatisfait du résultat il avait déchiré sa toile, et qu'elle n'aurait dû sa survie qu'au jeune Marcel. « Proust retrouva le visage, mais non les mains ni le bas du corps qui intéresseraient tant aujourd'hui ».

Portrait ovale ou portrait en pied, c'est pourtant la toile qui va être exposée très rapidement par Jacques-Émile Blanche après cet autodafé. Elle

---

23. Proust, préface à Jacques-Émile Blanche, *Propos de peintre. De David à Degas, 1919*, repris in *Contre Sainte-Beuve*, précédé de *Pastiches et Mélanges* suivi d'*Essais et Articles*, Paris, Gallimard, « Bibliothèque de la Pléiade », 1971.
24. Lettre à Reynaldo Hahn d'avril-mai 1895, *Correspondance*, tome I.

aurait été présentée à peine sèche dès le début mai 1892 au Salon du Champ-de-Mars organisé par la Société nationale des Beaux-Arts, cette même exposition que Proust avait inspectée un an auparavant pour *Le Mensuel*. Elle figure en tout cas dans le catalogue sous le numéro 124 parmi une dizaine de toiles du peintre, alors que le catalogue de l'année 1893 où elle aurait été finalement exposée, dit-on, ne la mentionne pas parmi les œuvres présentées. Jacques-Émile Blanche affabule certainement quand il poursuit que « cette destruction du tableau fut l'occasion de lettres, de démarches, de communications par l'intermédiaire de douairières, d'une ambassadrice, d'une fameuse demi-mondaine, et de l'une de ces belles baronnes israélites dont Marcel était le Chérubin. Soupçons, complications, suppositions folles, démontant par habitude ses propres sentiments comme les pièces d'une machine, et voyant les êtres dans le miroir coloré de son imagination, il procédait avec ses amis comme le romancier allait procéder avec les types qu'il créerait »[25]. La « ressemblance » s'éclaire quand on se souvient de l'obsession de Proust à obtenir des photographies des êtres aimés ou admirés. Pourquoi Proust

25. J.-É. Blanche, « Quelques instantanés de Marcel Proust », *La NRF*, "Hommage à Proust", 1923.

y tenait tant, Jacques-Émile Blanche ne le précise pas. Si l'esquisse au crayon n'a pas eu les faveurs de Proust, c'est sans doute qu'elle n'offrait pas une ressemblance très flatteuse, le modèle semblant avoir le dos légèrement voûté et du coup une forme presque trapue, alors que le portrait peint le rend altier, qu'il le grandit : c'est un jeune prince dans un écrin.

Cette tête sans corps, ce buste sans mains et sans pieds rappelle pourtant un autre portrait. Le portrait d'une jeune actrice déguisée pour un spectacle de variétés, « une pochade de jeunesse », dira Elstir dans *À l'ombre des jeunes filles en fleur*.

« "Je n'ai gardé cela que comme un document amusant sur le théâtre de cette époque." Et avant de cacher l'aquarelle derrière lui, Elstir qui peut-être ne l'avait pas vue depuis longtemps y attacha un regard attentif. "Il faudra que je ne garde que la tête, murmura-t-il, le bas est vraiment trop mal peint, les mains sont d'un commençant." »

Quel corps faut-il cacher ?

Les coupes que Jacques-Émile Blanche aurait opérées, dans la réalité, sur le portrait du jeune Marcel, voilà qu'Elstir se promet d'en faire subir d'identiques au petit tableau qu'il a peint autrefois d'une certaine Miss Sacripant, une image plutôt compromettante, un témoin de la jeunesse dissolue d'Odette avant qu'elle devienne l'épouse de Swann.

« Le caractère ambigu de l'être dont j'avais le portrait sous les yeux tenait sans que je le comprisse à ce que c'était une jeune actrice d'autrefois en demi-travesti. Mais son melon, sous lequel ses cheveux étaient bouffants, mais courts, son veston de velours sans revers ouvrant sur un plastron blanc me firent hésiter sur la date de la mode et le sexe du modèle, de façon que je ne savais pas exactement ce que j'avais sous les yeux, sinon le plus clair des morceaux de peinture. (...) Le long des lignes du visage, le sexe avait l'air d'être sur le point d'avouer qu'il était celui d'une fille un peu garçonnière, s'évanouissait, et plus loin se retrouvait, suggérant plutôt l'idée d'un jeune efféminé vicieux et songeur, puis fuyait encore, restait insaisissable. Le caractère de tristesse rêveuse du regard, par son contraste même avec les accessoires appartenant au monde de la noce et du théâtre, n'était pas ce qui était le moins troublant. On pensait du reste qu'il devait être factice et que le jeune être qui semblait s'offrir aux caresses dans ce provocant costume avait probablement trouvé piquant d'y ajouter l'expression romanesque d'un sentiment secret, d'un chagrin inavoué. Au bas du portrait était écrit : Miss Sacripant, octobre 1872 (...) C'était bien un portrait d'Odette de Crécy. Elle n'avait pas voulu le garder pour beaucoup de raisons dont quelques-unes sont trop évidentes. Il y en avait d'autres. Le portrait était antérieur au moment où Odette disciplinant ses traits avait fait de son visage et de sa taille cette création dont, à travers les années, ses coiffeurs, ses couturiers, elle-même – dans sa façon de se tenir, de parler, de sourire, de poser ses mains, ses regards, de penser – devaient respecter les grandes lignes. »

1872, octobre, on aimerait que ce soit le mois de la date de naissance d'Otto Bouwens, cadet d'un an de Proust. Quant à Balbec où est situé l'atelier d'Elstir, l'endroit n'est pas éloigné de Trouville où Jacques-Émile Blanche a commencé à peindre le portrait de Marcel, cette campagne que Proust a peinte sur le motif pour écrire « Choses normandes » qui paraît sous son nom dans le numéro 12 du *Mensuel*, tandis qu'y est publié quelques lignes plus bas le premier récit de fiction de celui qui n'est pas encore tout à fait Marcel Proust mais dont la première héroïne se nomme déjà Odette…

Que faire de cette limaille qu'attire l'aimant que l'on passe et repasse sous le texte ? Relever ces coïncidences ou ces hasards, être sensible à leurs miroitements, se douter qu'un trésor est enfoui, mais qu'il est bien défendu. Dans le miroir, les images s'inversent. Miss Sacripant est une image révélatrice et masquée. Elle montre sous un costume d'opérette la vraie Odette. Ce que devait tellement aimer Proust dans la toile académique et froide de Jacques-Émile Blanche, c'est qu'elle contenait son double inaliénable, son mannequin comme ceux dont Pierre Imans emplira les magasins de luxe, son image idéale comme si elle avait été fixée dans la glace – alors même, écrira-t-il, que « toute cette harmonie factice (…) le coup d'œil du grand peintre la détruit en une seconde ».

Cette fausse image, cette image si ressemblante conserverait à jamais intacte sa propre icône, son meilleur profil, celui de l'âge d'or. Le portrait peint offrirait aux yeux du monde le jeune homme en fleur si bien saisi sur le vif par Léon-Paul Fargue, c'est-à-dire « pimponné, la figure un peu molle, la bouche en cœur, la voix galantine comme ganté trop juste, tout le maintien d'un qui s'écoute parler, d'un homme heureux, facile et qui n'a pas d'histoire et tel, à peu près, que le peignit Jacques-Émile Blanche »[26]. Blanche photographie son modèle en smoking de marié, en garçon d'honneur (ce qu'il a été quelques semaines plus tôt au mariage d'Henri

---

26. Léon-Paul Fargue, « Portraits », *La NRF*, « Hommage à Marcel Proust », 1923.

Bergson), sauf que Proust sait bien que les couleurs peintes de son fond de teint dissimulent ce qui sera suggéré plus tard par le tableau de Miss Sacripant, « l'idée d'un jeune efféminé vicieux et songeur ».

Nous ignorons toujours le visage d'Otto Bouwens mais nous connaissons presque celui de Proust à l'époque du *Mensuel*. Sûrement ce visage a-t-il été maquillé pour la postérité. Cette apparence n'est qu'une défroque que Marcel va bientôt laisser derrière lui, comme un enfant abandonne sa poupée, telle une première peau, une mue. Le regard est provoquant. Le corps est bouche cousue.

Plein de voix commencent à remuer à l'intérieur du personnage muet.

Un jour, nous les entendrons à l'intérieur de nous.

« Victor Hugo dit : "Il faut que l'herbe pousse et que les enfants meurent." Moi je dis, écrira Proust dans *Le Temps retrouvé*, que la loi cruelle de l'art est que les êtres meurent et que nous-mêmes mourions en épuisant toutes les souffrances pour que pousse l'herbe non de l'oubli mais de la vie éternelle, l'herbe drue des œuvres fécondes, sur laquelle les générations viendront faire gaiement, sans souci de ceux qui dorment en dessous, leur "déjeuner sur l'herbe" ».

Nous ne saurons probablement jamais ce qui s'est passé au 45 rue de Lisbonne, et si c'était là que se donnaient les rendez-vous du *Mensuel*, mais du fond des couloirs, dans le dédale des pièces où résonne un air de piano, voici qu'un nouveau venu émerge, appartenant encore à l'ombre, arrivant vers nous.

Le Mensuel retrouvé

Textes de Marcel Proust
(novembre 1890 – septembre 1891)

Novembre 1890

VIE MONDAINE

Mme Carnot a repris à l'Élysée ses réceptions hebdomadaires du mardi.

Le « dîner celtique » a eu lieu le 8 novembre à l'Hôtel de la marine, sous la présidence de M. Ernest Renan.

Le président de la République et Mme Carnot ont repris, à partir du 20 de ce mois, leurs réceptions hebdomadaires du jeudi soir.

Le roi Milan est arrivé à Paris et s'est installé pour l'hiver dans son hôtel du bois de Boulogne.

Mode. –

Le peigne en écaille est aussi porté au théâtre qu'à la ville.

Mme Marie Magnier au *Palais-Royal*, Mlle Réjane aux *Variétés*, sont deux propagatrices de cette mode très parisienne.

ÉTOILE FILANTE

Décembre 1890

GALERIE GEORGE* PETIT
EXPOSITION INTERNATIONALE DE PEINTURE

Petite salle, petits tableaux, et j'allais dire, injustement, petit art.

Non, il y a dans ce groupe restreint quelques artistes de grand talent tels que MM. Edelfelt, Dinet, Zorn ; et si on est troublé au premier coup d'œil, on est enchanté ensuite de la variété des manifestations actuelles de l'art.

Je me demande quelle peut bien être la situation d'esprit d'un jeune homme se destinant à la peinture, qui le matin va au Louvre et le soir rue de Sèze ?

« À quoi bon, dira-t-il, l'enseignement classique, la science de la composition, les longues années d'étude d'après les maîtres ? Un peu d'instinct, du goût (et qui n'en a aujourd'hui ?), quelques albums japonais, beaucoup de photographies instantanées, n'est-ce pas tout ce qu'il faut pour ces ébauches étincelantes qui attirent le public et font les réputations ?

* L'éditeur a choisi de ne pas corriger les erreurs d'impression de la revue.

« Pourquoi écouter toutes ces choses solennelles que nous disent les anciens, pour avoir ensuite à se débarrasser de ces formules d'école, de cet enseignement rétrograde et retrouver en face de la réalité une vue originale et personnelle des choses ? »

Les révoltes d'une jeunesse troublée par les tendances actuelles sont très naturelles ; elles existent en littérature, en poésie, au théâtre. Elles sont latentes dans l'air qu'on respire, dans l'éducation qu'on reçoit. Et il faut une grande force de caractère pour résister au courant. Pourtant en littérature on reconnaîtra immédiatement celui dont les études classiques sont restreintes, qui dans sa jeunesse aura négligé ce que nos pères appelaient les « humanités » ; de même en peinture on reconnaît ceux qui, n'ayant pas suffisamment étudié, n'ont pour toute ressource dans l'art que leur improvisation. Tel maître de l'école moderne a beau vouloir l'oublier, sa main, son dessin d'une sûreté merveilleuse, son œil infaillible, se souviennent qu'il a été prix de Rome.

De même chez Dinet, un jeune, un chercheur consciencieux, qui expose aux n°s 49, 50, 51, on retrouve une éducation première achevée.

Il nous montre trois aspects très différents de son talent : *La jeune danseuse de Laghouat, le Campement, Après le bain.*

Dans la *Danseuse*, lumière crue, plein soleil (celui du Sahara), – les chairs en semblent transpercées, – à peine quelques ombres bleues et légères. C'est un éblouissement.

Le *Campement* est une étude de mat, une nuit obscure et pourtant transparente.

Après le bain, nous montre une jeune fille demi-nue, le matin, dans un coin fleuri de notre France ; ce n'est pas Chloé ; c'est une petite villageoise déshabillée. Une poésie intime nous retient devant ce tableau.

Zorn. – Très beau portrait de Mme T. – L'artiste, par une très rare exception, a su vaincre les difficultés de cet âge triste et transitoire chez la femme qui n'est plus jeune et qui n'a pas encore le charme des cheveux blancs, les rides acceptées.

M. Zorn réexpose sa jolie étude du salon du Champ de Mars, délicieuse de lumière.

Pourquoi faut-il que l'attitude de la femme, un peu courtaude, les jambes écartées, soit d'une ligne désagréable ?

Les Petites Cueilleuses de fraises d'Edelfeldt sont exquises ; elles descendent la montagne derrière laquelle on aperçoit le fiord ; il faut voir le caractère étrange et attirant de leurs petits visages d'enfant, entourés de cheveux d'or pâle sous leurs capuchons rouges. Beau portrait d'homme du même auteur, – les mains bien traitées.

Blanche, nous montre cinq fois la même petite fille en bleu ; elle est charmante, mais, multipliée par la psyché qui la reflète, cela fait trop de petites filles bleues. Celles des n°s 18 et 22 très bien peintes, eussent bien suffi.

Les jolies études de M. Desboutin sont des pastels. Je le sais pour l'avoir lu dans le catalogue, car il est très difficile à présent de distinguer les pastels de la peinture. La devise de l'école moderne de la peinture est : « Mate et sincère » – Pour éviter le luisant, on enduit les toiles et on peint avec de la cire. Voyez les toiles de M. Dinet, qui use de ce nouveau procédé. Mais alors, ne mettez pas, comme quelques autres, des verres sur votre peinture mate ; c'est un miroitement bien autrement désagréable que le luisant de l'huile et du vernis.

Passons aux paysages.

Ceux de M. Montenard sont étincelants.

M. Dauphin aime aussi le Midi, qui le lui rend bien. Ses marines, où il est passé maître, sont très supérieures à ses paysages. *Lagarde*, soir, crépuscule, petites toiles grises pleines de la poésie à laquelle nous a initiés Cazin, mais avec quelque chose de plus.

M. Billotte nous montre que les plus humbles choses ont leur intérêt, car il prend des coins bien ingrats de notre ville, les quartiers des carrières et des fortifications, les terrains vagues.

De même M. Barrau, – la Grande-Jatte, et Courbevoie au soleil.

J'ai gardé pour la fin Forain, paysagiste. Oui, un vrai paysage avec des arbres, un ciel, de la verdure ; mais vous pensez bien que Forain ne pouvait nous montrer une prairie qu'émaillée de cocottes, et sa *Course en province*, malgré son titre et sa dimension, ne sort guère de son genre ordinaire.

De Brabant

Décembre 1890

LA MODE

La mode, dans toute sa tyrannie, a fait son apparition ; si vous le voulez bien, nous allons lui consacrer quelques instants de nos loisirs, tâcher de l'expliquer de notre mieux. Au premier abord, on se laisserait aisément persuader que les modifications qu'elle apporte cette année sont de minime importance ; que la robe de l'année dernière pourrait à la rigueur tenir tête à celle fraichement éclose de la saison. Ah ! s'il n'y avait pas les nuances ! Mais il y en a tant ! Vous devez les voir ; en être touchée ; renier le passé ; ouvrir votre esprit, et plus encore votre bourse, à qui nos créatrices font appel avec tant de malice.

La robe en drap, ou vigogne pour le jour ; le vert foncé, le violet, le bleu marin, sont bien portés. Le sombre et la façon simple de cette toilette en justifieraient le nom, *La trotteuse*, si la longueur de la jupe n'y mettait pas quelque entrave. Je la désignerais plus volontiers *La balayeuse*.

La jupe plate se maintient, mais elle a encore augmenté son ampleur, tout en biaisant de plus en plus vers la taille. L'ampleur, ainsi refoulée dans ses derniers retranchements, devient un problème que seules nos grandes faiseuses savent résoudre.

Le corsage est en pleine révolution. Il ne veut se laisser limiter aux hanches ; il s'est souvenu d'un sort meilleur sous les glorieux règnes de Louis XII et Louis XV. La grande basque n'est plus une *vision fugitive*, mais bien une adaptation très heureuse de nos corsages, un refuge pour hanches critiquables. La dissimulation ainsi autorisée est un grand progrès.

Le corsage même est sujet à toutes les variantes possibles ; mais il est avant tout appelé à épouser la forme du buste, au besoin à en augmenter la grâce et en diminuer le volume.

La mousseline de soie – non la sainte mousseline de nos mères – est toujours à l'ordre du jour, ainsi que la dentelle haute et précieuse autour du décolletage, plus carré que pointu.

Ne vous refusez pas les ornements en pierreries fines : émeraudes, rubis, opales, turquoises ; et n'allez pas vous égarer dans de fausses conclusions morales ; votre sincérité ne se trouvera pas atteinte, vos parures ne risqueront rien à côtoyer leurs fausses-sœurs.

Le chapeau se plaît dans les excès : grand feutre, aux grands panaches, obstruant l'horizon, désobligeant le voisin au spectacle ! capote microscopique ; encore un peu, et elle ne sera plus qu'une figurante sur la facture ; mais votre tête n'en portera pas trace. N'importe ! pour l'instant, l'oiseau fabuleux, couleur émeraude, or ou bleu d'azur, déploie avec délice ses longues ailes au milieu d'un fouillis de tulle perlé.

La capote en chenille noire, toute parsemée de pierres sombres, retroussée derrière par une agrafe en diamants noirs, laisse échapper les frisons de la coiffure, rivales triomphantes de la touffe de petites plumes, tant portée déjà. Un simple petit choux, de couleur tendre, bleu de ciel de préférence, jeté dans cet ensemble sévère comme une pensée plus alerte, plus égayante, au milieu d'une dissertation grave : voilà pour le chapeau.

Question importante avant toutes, le vêtement ! Grand émoi : la jaquette courte abandonnée. Où voulez-vous que les grandes basques se réfugient, sinon sous un vêtement long, forme rotonde ou grande jaquette genre Louis XV ? Vous soupirez Madame ; vous avez de l'an passé une jaquette en loutre ; elle vous a coûté les yeux de la tête ! et voilà que cette vilaine mode vous forcerait à y renoncer ! La jaquette courte bannie, Roméo banni ! Non, ma chère Juliette, rassurez-vous. La situation n'est pas aussi grave que vous le pensez ; « il est avec le Ciel des accommodements ; » on est convenu de laisser aux aristocrates de la matière à la loutre, à l'astrakan, leur coupe habituelle et leur longueur relative. La grande pelisse en drap fait fureur ; elle est garnie de passementeries d'or, de jais ; collerette Médicis, ornée de plumes, ainsi que le bord du vêtement qui est doublé de soie chatoyante, rappelant ainsi ces insectes fabuleux aux couleurs ternes qui, déployant leurs ailes, vous frappent tout à coup de reflets étincelants. Ce vêtement est donc à la fois sobre et grave ; mais la manière de le porter en change le caractère, l'effet ; et si j'osais donner un conseil au pêcheur imprudent qui aborde cette *Loreley*, je lui dirais…

Rien aujourd'hui ; la prochaine fois nous y reviendrons, et nous aborderons ensuite la robe de bal ; c'est-à-dire l'infini !

Étoile Filante

Février 1891

PENDANT LE CARÊME

À propos de l'*Ingénuité fin de siècle* et Mlle Yvette Guilbert, cinq conférences au Théâtre d'Application, par M. Hugues Le Roux.

À HORACE FINALY

Ingénuité ? On nous parle bien de celle de la chanteuse, et, en nous en parlant, on nous amuse, sans nous persuader : nous respectons trop les ingénues pour vouloir leur donner Mlle Yvette Guilbert pour compagne, et nous avons trop souvent goûté, au Concert Parisien et au Nouveau Cirque, les piquantes délices de cette personne pour appeler cela de l'ingénuité. Ingénuité ? Faudrait-il donc parler de celle du critique qui fait cinq conférences sur Yvette Guilbert, quatre de plus que M. Ganderax sur Molière ? Mais ce n'est pas non plus précisément de l'ingénuité. C'est quelque chose – si j'ose employer un mot que M. Prudhomme nous envierait et dont il décorerait certes ses propos aujourd'hui – de très « fin de siècle », et, ce qui n'est pas difficile, de bien plus fin de siècle que Mlle Yvette Guilbert.

Il serait, en effet, digne de remarquer que, en vertu d'une évolution trop complexe pour être analysée ici, la critique française entre 1889 et 1891 soit redevenue dogmatique, non pas dans un autre sens, mais sur un autre terrain qu'auparavant. Prenons, si vous voulez, M. Jules Lemaître. S'agit-il d'un des chefs-d'œuvre de la littérature qui semblent le moins contestables, d'un de ceux même pour lesquels il se sent le plus de tendresse, il professe le plus de vénération : il n'ose rien affirmer, a peur de juger, ou ne donne son jugement que comme une préférence toute personnelle, en lui retirant d'avance toute valeur universelle. S'agit-il d'une soirée passée au Concert Parisien : il essaye de faire la théorie de la « scie » et de constituer scientifiquement la chansonnette de café-concert. Conduisez à la Scala nos dilettanti les plus raffinés, nos pyrrhoniens les plus élégants, et les voilà devenus de farouches dogmatiques. Nous ne saurions attribuer une si merveilleuse métamorphose aux mystérieuses suggestions qui flottent dans ces cafés-concerts, l'hiver sur les fumées bleues du cigare, l'été sur les clartés bleues de la lune. Ne serait-ce pas plutôt que ce qui peut être réduit en formules parce que cela est soumis à des lois, ce qui est objet de science, en un mot, ce sont précisément les manifestations les plus physiques, les plus matérielles, de notre activité, tandis que l'art, en ses créations les plus hautes, échappe absolument, par son essence quasi divine, aux investigations scientifiques ? Le Cœur et la Pensée esthétique ont des raisons que la Raison ne connaît guère. Mais le rire, ce rire qui nous secoue au café-concert, – traduction de la joie malsaine que nous éprouvons à sentir notre passagère déraison, – notre raison en connaît les raisons. Et ainsi les productions du café-concert, tout en continuant à n'être qu'exceptionnellement de la littérature, sont devenues matière à littérature, et la critique de café-concert est née. Dès lors, c'est devenu un exercice très agréable pour les meilleurs virtuoses du style. On a chanté les grâces et mérites de M. Paulus ou de Mlle Valti, tel sur le mode lyrique, tel dans le goût évangélique. La disproportion entre la dignité des épithètes qui magnifient ces personnes plutôt séculières, et ces personnes mêmes, divertit fort le lecteur. Et si du mélange savant du style lyrique et du style évangélique naît le style apocalyptique, le critique prend alors une posture de saint Jean au Nouveau Cirque qui n'est pas sans piquant. La collection des feuilletons de M. Jules Lemaître serait, en même temps que beaucoup d'autres choses, un répertoire très instructif de ce nouveau genre de littérature.

Mais si la conférence de M. Le Roux est par là bien « fin de siècle », Mlle Guilbert ne l'est pas du tout. On ne devient pas raffiné parce qu'on cesse d'être ingénu. Pas plus que son presque homonyme le matelot ivrogne et bon de M. Loti, ma sœur Yvette n'est « fin de siècle ». Quel rapport y a-t-il entre cette femme si drôle, si saine, si bien portante, d'une diction où à un peu de pittoresque, de naturalisme (la littérature d'il y a quinze ans, la littérature *avant-fin de siècle*), se mêlent tant de bonnes intentions, tant de bonne volonté, tant de la grâce et de la bonne grâce de Mme Judic, quel rapport y a-t-il entre elle et les « fleurs de vice », les fleurs capiteuses et maladives qui décorent bizarrement de leur grêle élégance les fantaisies de Chéret et de Willette ? Vêtue d'une simple robe blanche qui fait ressortir encore ses longs gants noirs, elle ressemble plutôt, avec sa figure blêmie de poudre, au milieu de laquelle la bouche trop rouge saigne comme une coupure, aux créatures d'un dessin brutal et d'une vie intense dont l'œuvre d'un Raffaelli est semée. Telle, en sa corporelle apparence, – ainsi qu'en sa diction, – elle fait penser au naturalisme, au naturalisme déjà démodé, si différent en tous cas de l'art aujourd'hui.

Non, ce n'est pas encore la petite femme descendue d'une affiche de Chéret pour conduire un nouvel « embarquement pour Cythère ». Nous admirons plus que personne le talent de Mlle Yvette Guilbert. Mais, malgré toute notre bonne volonté, nous ne la trouvons pas perverse du tout. C'est peut-être de l'ingénuité.

M.P. *

---

* Les textes signés des initiales « M. P. » et « Marcel Proust » ont été publiés par l'Institut Marcel Proust international (Société des Amis de Marcel Proust et des Amis de Combray) sous le titre *Marcel Proust, Écrits de jeunesse* (1887-1895).

POÉSIE

À GUSTAVE L. de W.

« amants, heureux amants ! » (La Fontaine)

L'amour monte des cœurs comme une odeur de roses !
Il est beau de connaître un cœur empli d'amour,
De voir jusqu'en leur fond ses sources large écloses
Qui vont si vite et clair par cet éclatant jour.

Pourtant les Cœurs aimants ressemblent beaucoup mieux
À la nuit exaltante encor plus que le jour,
À la nuit, claire ou noire, et qui verse des cieux
Un trouble doux, mystérieux comme l'amour.

La nuit ! la mer ! les deux seules choses magiques !
Serré dans son manteau magnifique et soyeux,
Je m'y perds en noyant mes regards dans ses yeux,
Ses yeux indifférents, langoureux et mystiques.

M. P.

Mars 1891

LA MODE

En vous promettant l'autre jour de parler de la robe de bal, je me suis mise, je crois, dans un mauvais cas. L'article « Mode » doit avant tout, viser à l'à-propos ; il lui faut un peu devancer son époque. Or la robe de bal est, à l'heure qu'il est, en pleine fonction, et tout ce que j'en dirais serait sans effet. N'est-il pas plus sage d'avouer que je suis en retard ? L'aveu franc de ma parole mal donnée me fera sans doute pardonner ma parole mal tenue ; mais si je ne vous parle pas dûment de la robe de bal et des neiges d'antan, me serait-il permis pourtant, en passant, d'en exprimer un regret ? C'est à propos de la robe de bal des jeunes filles. La jeune fille avait un privilège dont elle n'aurait pas dû se départir : elle pouvait être simple. Elle portait au bal du tulle, des fleurs. Le tulle, dans sa fragile apparence, l'enveloppait gracieusement et formait pour ainsi dire une barrière au contact par trop immédiat de son entourage ; on l'approchait avec moins d'assurance, moins de hardiesse, de peur de friper cette délicate enveloppe. Aujourd'hui l'obstacle est tombé : la jeune fille est presque devenue jeune femme, et je le déplore. Ce sont, paraît-il, les Américains qui nous valent ce changement ; n'aurions-nous pas pu, à nous tout seuls, trouver mieux sans leur faire cet emprunt ? Mais me voici loin de mon sujet, et j'oublie presque que le « Prince Charmant », le printemps, avec toutes ses grâces, nous est arrivé. Il s'est bien, depuis quelque temps, retiré sous sa tente, laissant libre cours au vent et aux giboulées ; mais il n'en est pas moins là, et a bien voulu me laisser fouiller dans ses trésors. Il y en a tant, que c'est à ne pas savoir par où commencer, et à en perdre la tête. Commençons donc avec elle, – par le chapeau.

De plus en plus petit, le chapeau se hisse sur les frisures comme un accent circonflexe. C'est tantôt un papillon, une aigrette en jais, tantôt des ailes d'or se perdant dans du tulle ou dans un bouquet de fleurs.

Le chapeau rond attend encore les rayons plus ardents du soleil pour s'épanouir ; mais déjà on devine que les bords en seront larges, la calotte basse et la fantaisie sans fin dans la pose des plumes et des fleurs.

Au-dessous le vêtement –

La grande jaquette est toujours la préférée des tailles élégantes ; on la porte longue, genre Louis XV avec revers, en drap simple ou richement brodée de jais mélangé de broderie mate.

La pèlerine demi-longue continue à faire fureur ; mais les magasins de nouveautés s'étant emparés de cette création, la mission de nos grandes faiseuses est devenue de plus en plus délicate : triompher de la banalité, tout est là ! Elles y sont parvenues. – La pèlerine en drap léger ou en sicilienne avec sa forme méphistophelesque ou, si vous préférez, Henri II, ses appliques de jais mélangés d'or, ses franges de jais ou de larges dentelles, son col Médicis moins haut pour laisser plus de liberté au mouvement du cou, doublée d'une étoffe souple claire ou foncée, tel est « le dernier cri ». Surtout évitez le vêtement brodé de cabochons de jais, le clou de la saison ! il est tombé dans la vulgarité ; c'est le clou de la pièce d'hier, comme dirait Sarcey.

La robe printanière n'est pas encore dans tout son éclat ; mais les quelques spécimens que j'ai vus chez nos grandes faiseuses m'autorisent à vous en parler avec conviction. Avant tout, félicitons-nous de la liberté qui y règne. On porte de tout ; on accepte tout sous l'escorte de la grâce et du goût, aussi bien la grande basque à pattes avec gilet brodé dessin de style, que le corsage à ceinture brodé ou simple laissant à l'étoffe même faire ses fredaines sous forme de plissage et de jabots.

J'ai vu une toilette grise d'un goût parfait. Où ? comment ? Je vous le donne en quatre, je vous le donne en dix, je vous le donne en cent ! je me borne simplement à vous en faire une description détaillée.

La toilette en question est d'un ton gris clair ; le tissu de laine légère rappelle par son velouté le côtelé de velours si recherché cet hiver, et est en même temps aussi léger au porter que le foulard. La jupe, petite traîne, est doublée de taffetas ; cette dernière innovation évite le fond de jupe et simplifie le programme de celles qui ne se sont pas donné celui de soulager la municipalité et de balayer les rues.

Une dentelle en imitation vieux Venise garnit le bas de cette jupe, dont l'étoffe est entièrement prise en biais, ce qui ajoute beaucoup à sa grâce. La garniture de ruban qui retient cette dentelle rappelle celle du corsage tout semé de broderies en perles d'acier et dont le devant se termine en plis sur un gilet de dentelle Venise, gilet qui se continue autour de la taille en forme de basque.

Une toilette noire a su me charmer également. Mais ne vaut-il pas mieux rester sur la note grise ? « Peut-être. » C'est sur ce mot que se termine une comédie d'Alexandre Dumas (*Le Supplice d'une femme*). Pourquoi n'en pas dire autant et vous délivrer de

Étoile Filante ?

VARIÉTÉS

Confiteor, par M. Gabriel Trarieux.
Au *Comptoir d'édition,* 14, rue Halévy.

Le *Mensuel* a bien peu de place pour rendre compte du volume de vers que vient de publier M. Trarieux. À peine pouvons-nous recommander d'une manière spéciale celles qui nous ont plu davantage parmi les pièces qui le composent, et qui sont celles intitulées : *Un jour*, *Souvenir*, *Rondel*, *Humilité*, *À une jeune fille*, *Séparation*, *Communion*... Nous en citerons plusieurs autres.

Nous désirons avant toutes choses être sincère avec M. Trarieux. Aussi lui dirons-nous très franchement que nous avons été surtout satisfait dans son livre par de nombreux vers isolés, d'un sentiment très fin, et auxquels il a su donner une forme complète et musicale. Nous ne serions pas embarrassé d'en trouver beaucoup qui soient aussi jolis que celui-ci :

Je songe aux cœurs brisés par l'angoisse d'amour...

Ou celui-ci :

L'inconsolable chant de mes douleurs secrètes...

au milieu de pièces qui cependant ne sont pas toutes celles que nous avons le mieux aimées. La langue de M. Trarieux paraît souvent sonore et souple, et il formule excellemment les harmonies sentimentales qui lui ont été révélées. Pourquoi faut-il que ce don très personnel et très intime nous soit gâté par l'influence artificielle de certains poètes compliqués ? Le hiératisme baudelairien dont leur exotisme s'aggrave produit une note vraiment fâcheuse en 1891. Nous voudrions que M. Trarieux, dont certains vers nous paraissent présenter de l'analogie avec ceux des poètes des *Vaines tendresses*, de ces délicates *Intimités* et même des *Romances sans paroles*, se débarrassât de ce souci qu'il semble avoir d'une poésie savante et quelque peu factice à notre gré. Nous imaginons que sa plume exprimerait plus aisément cette analyse discrète et cependant émue des passions tendres dont sa *Ritournelle des amoureux* nous a donné quelques exemples. Sa langue a le charme suffisant ; sa pensée, ce qu'il faut de mélancolie ; et il a sûrement réfléchi sur les souffrances qui viennent du cœur. Nous l'avouerons, nous aimons moins certaines pièces peut-être plus soutenues, mais dont la philosophie troublante et généralement panthéiste ne fut pas toujours sans nous causer de l'effroi ; et surtout nous avons regretté la forme nécessairement un peu naïve que revêtaient, nous semblait-il, des pastiches de poètes défunts, curieux de faciles voluptés, et où la Muse si chaste de M. Trarieux s'est parfois sataniquement complu.

À part le *Rêve de Judas*, explication déterministe assez plausible et miséricordieuse des suggestions où s'abandonna l'âme de celui qui livra le Christ, nous avons aussi moins aimé les poèmes d'inspiration religieuse. Ce *Rêve de Judas*, qui, sans être très orthodoxe, serait volontiers slavisant, contient une jolie appellation de la Pitié, définie « cette suave fleur des siècles », et à laquelle nous aurions à peine à reprocher un soupçon de dilettantisme. Si nous avons nettement saisi la pensée de M. Trarieux, et s'il a vraiment entendu nous présenter Judas comme l'instrument irresponsable de l'accomplissement des vues divines, cette astucieuse négation de notre libre arbitre à l'aide de ce cas inattendu d'hypnose, qui serait celui de toutes les créatures, n'est peut-être pas bien sérieuse ; elle était à coup sûr tentante. Nous n'avons qu'à féliciter M. Trarieux de l'eurythmie de ses conceptions mystiques. Nous voudrions pourtant qu'il les abandonnât pour nous traduire tout simplement le murmure des voix intérieures ; et nous le souhaitons d'autant plus que l'ingénuité apparente de sa parole est intelligente et peu banale. Voici quatre vers pris au hasard, et où il a retrouvé le balbutiement raffiné, le rythme calme et tourmenté, presque tout le génie de Verlaine :

Je cherche une âme aux langueurs un peu mièvres,
Qui soit pareille à ces femmes voilées
Dont le regard aux lueurs étoilées
Tombe aussi doux qu'un baiser fuit des lèvres…

À leur tendresse de forme se joint un grand sérieux de sentiment. Nous croyons que ce genre de pièces si douces, si courtes, sont surtout celles que M. Trarieux doit écrire. Des poètes qui semblent s'être partagé les admirations de sa jeunesse, nous écarterions volontiers, l'influence, parfois encore sensible en lui, de Leconte de Lisle et d'Hugo, même de Baudelaire et de Lamartine ; et il nous serait alors permis de retrouver dans ses poésies beaucoup de la psychologie (pardon de ce mot désagréable) et beaucoup de tempérament de Verlaine, et – ceci est plus douteux – de Jules Laforgue, qui descendent eux-mêmes directement de Racine et d'A. de Musset. Que l'on y joigne, si l'on y tient, Amiel et aussi Sully-Prudhomme. Peut-être est-ce parce que nous aimons beaucoup ces poètes que nous voudrions mettre auprès d'eux M. Trarieux.

Y.

Mai 1891

IMPRESSIONS DES SALONS

Nous avons, cette année encore, deux clans de peintres qui se font la guerre : ceux des Champs-Élysées, ceux du Champ de Mars. Les uns tiennent pour la tradition, ils sont l'École ; les autres se proclament la jeunesse et la liberté. Ces étiquettes peut-être ne signifient pas grand'chose, puisqu'au fond le but à atteindre est toujours le même et qu'il s'agit des deux parts – nul ne le conteste – de se rattacher directement à la nature et de rendre aussi heureusement que possible les impressions qu'elle a fait éprouver à l'artiste. Pourtant, il me semble que le Champ de Mars a mieux réussi dans ses recherches ; tout y est plus amusant, et surtout le nombre des tableaux médiocres est moins énorme. Je sais bien qu'on dit la tradition de la « grande peinture » demeurée aux Champs-Élysées. Eh, mon Dieu ! qu'est-ce que cette « grande peinture » ? Est-elle dans la dimension gigantesque de la toile ? alors ce pauvre Rochegrosse est le plus grand de nos peintres, et plusieurs de ses collègues du palais de l'Industrie ne lui sont guère inférieurs ; mais si le grand art est simplement celui qui nous élève, qui nous fait penser à beaucoup d'excellentes choses, qui fait vibrer l'âme en caressant les yeux, vraiment je le trouve bien plus de l'autre côté. Au reste, ce sont des impressions que je note, impressions toutes personnelles et que je reconnais sujettes à caution et à répartie.

On s'élève au-dessus de la terre avec Puvis de Chavannes, ou plutôt on voudrait s'élever avec lui dans ce monde de rêve, de paix profonde, dans cette atmosphère voilée, mais nullement pesante, où vivent des personnages d'une vie éthérée, mais non irréelle ; ce beau paysage, on croit le connaître ; on a ressenti dans quelque jour heureux la joie d'une belle journée d'été, mais non pas, certes, avec cette force, cette intensité. Le charme des deux panneaux pour le musée de Rouen ne pénètre que peu à peu, mais il finit par vous isoler de toutes les peintures qui les entourent. Que sera-ce quand on les verra en place, sans cette tenture rouge qui, au premier abord, en détruit la suave harmonie ?

Puvis personnifie le rêve, la vie contemplative ; Besnard, le mouvement, les couleurs éclatantes, la vie dans tout son épanouissement, la nature grandie, je dirais idéalisée, si le mot n'était pris trop souvent dans un sens banal. Je ne connais pas de portrait plus séduisant que celui de ces deux sœurs se donnant le bras, fines, malicieuses, à la peau nacrée, simplement mises de tulle vert retenu à la taille d'un ruban blanc, l'une se renversant légèrement en arrière d'un mouvement fier, mais pas hautain, l'autre se penchant pour cueillir une fleur, cela sans effort, sans mièvrerie. Elles se détachent sur le fond intense d'une serre aux sombres feuillages, d'un bleu vigoureux, profond, onctueux. Cela a l'éclat des beaux Rubens, leur hardiesse, avec la grâce, la délicatesse en plus. C'est l'image de la jeunesse joyeuse, du printemps. Besnard expose un autre portrait d'une égale importance, mais évoquant un sentiment tout différent : la note est plus intime, plus enveloppée ; il est aussi plus sobre de tons ; puis trois petites toiles : une Annonciation conçue comme un primitif avec un ange gozzolien qui s'envole dans un paysage délicieux ; un effet curieux de soleil couchant et un intérieur, un couvert mis (quelle nature morte !) près d'une fenêtre ouvrant sur un fond de falaise. N'oublions pas ses cartons (projets de vitraux), d'une si belle couleur, d'un si large dessin, rappelant, sans les imiter le moins du monde, les compositions japonaises, parce que, comme les Japonais, Besnard sait regarder et a l'amour profond du maître des maîtres, la nature.

Edelfelt, lui aussi, aime le soleil, les couleurs joyeuses, claires. Il a, en dehors de ses incomparables aquarelles, deux œuvres charmantes : deux petites Finlandaises se promenant dans une allée ensoleillée, un intérieur de cabaret italien, et enfin une grande toile d'un mysticisme sincère et robuste, le Christ et la Madeleine selon une légende scandinave.

Je cite au hasard les peintres qui m'ont touché particulièrement ; d'abord Kuehl, qui développe également le thème de la lumière dans *Clartés du Soleil*, où l'on sent un peu le souvenir de Peter de Hoogh ; il est plus personnel dans *Tristes Nouvelles*. – Dessar, un jeune Américain, a mis beaucoup de poésie dans son *Départ pour la pêche*. Kowalsky sera intéressant à suivre. Ce sont des chercheurs sincères, et singulièrement heureux que Jeanniot dans son *Effet de neige*, que Billotte avec ses vues de Paris, si vraies, si poétiques, que Lepère avec sa hardiesse de palette, que Barau, que Lebourg, que Stetten dans ses études. C'est un chercheur aussi, mais peut-être trop peu confiant en lui-même, que Dagnan. Son *Départ des conscrits* est une conception élevée, noble, comme tout ce qui nous vient de ce grand artiste. Mais si chaque conscrit, pris à part, est merveilleusement traité, leur groupe ne vit pas véritablement d'une vie commune ; tous s'isolent dans leur pensée intérieure, et on ne sent pas le grand souffle qui fait mouvoir les foules ; il m'a paru même qu'il manquait un peu d'air dans cette rue où chantent ces jeunes gens. Au contraire Dagnan expose à côté un authentique chef-d'œuvre, une jeune fille enveloppée d'une draperie bleue, dans une atmosphère de profonde poésie. Cette poésie, on la retrouve chez Lerolle, quoiqu'elle soit, cette année, un peu brumeuse chez lui ; on la retrouve chez Cazin, dont les beaux paysages sont pourtant plus métalliques que de coutume ; dans la *Jeanne d'Arc* de Lagarde ; puis, très intense et se dégageant de son brouillard (trop voulu peut-être) dans les œuvres si curieuses de Carrière, dans ses compositions intimes, ses portraits si personnels.

Que de beaux portraits aux deux Expositions ! on aurait peine à les citer tous ; on regrette de ne pas s'étendre sur chacun et de s'en tenir à une simple énumération, pleine, hélas ! de lacunes.

Le plus marquant (c'est l'impression unanime) est celui de la belle Mme Gautereau par Courtois ; voilà aussi celui du peintre Stetten par le même artiste, le portrait d'enfant de Sargent, ferme, plein de vie et de naturel ; c'est une œuvre de grand maître que le portrait du cardinal de Sens par Delaunay ; celui de Bonnat, les portraits de Carolus-Duran, de Chaplin (un bon Chaplin), de Chartran, de Dubois, un beau portrait de femme de Humbert, un prêtre de Mlle Virginie Porgès, les portraits de Mme Roth, sont à noter ; ceux de Boldini, de Blanche, très curieux, d'un mouvement un peu outré parfois, mais bien observé ; on voudrait une palette plus légère, des tons plus souples, moins sales surtout dans les ombres, les petits portraits délicats de Jarraud, quelques études-portraits de Stevens (surtout celui d'une dame en jaune), un portrait plus ancien mais très particulier de Whistler : tout cela est intéressant aussi.

Ce même Whistler a une marine bien exquise. D'autres toiles me resteraient à citer ; Renan a une vue charmante d'Algérie ; Dumoulin, des études italiennes franches et hardies ; Pointelin a toujours sa note mélancolique. Je n'ai pas mentionné davantage les œuvres vigoureuses de Ribot, les natures mortes « chardinesques » de Zakarian ; celle de Bergeret plus importante, plus personnelle, celle enfin du grand maître Vollon.

J'ose encore moins m'attaquer à la sculpture, malgré les grands noms de Falguière, de Dubois, de Rodin ; mais puisque ce sont des impressions personnelles que je marque ici, je ne puis conclure sans dire un mot de celles que m'ont fait éprouver quelques grands artistes qui travaillent dans les admirables « genres inférieurs ». Le verrier Gallé est peut-être notre poète le plus génial : une aile de hibou, des oiseaux dans la neige, des libellules aux couleurs sombres ou éclatantes, lui servent de thème et l'amènent à nous faire vibrer tout entier. Le graveur Roty nous donne la même profonde sensation avec ses merveilleuses médailles, surtout celle de Sir John Pope Hennesi, celle du club Alpin, et sa plaque commémorative d'une fête de famille, trois œuvres d'art accomplies. Enfin Delaherche et Chaplet suivent ces voies élevées dans leurs belles poteries.

Que de talent ! que de nobles efforts ! Il faudrait, pour rendre ma vive admiration, une plume moins trébuchante. Si j'ai pu réveiller pourtant chez mes lecteurs quelques sensations d'art déjà éprouvées, mon but sera atteint ; si au contraire quelqu'un d'entre eux s'est agacé à me lire, comme

À raconter ses maux souvent on les soulage,

Le *Mensuel* aura plaisir à accueillir sa réponse. La réplique sera aisée d'ailleurs ; on efface sans peine le

FUSAIN.

Juillet 1891

ENDROITS PUBLICS

Horloge, Alcazar, Ambassadeurs, Folies-bergère, Nouveau-Cirque, Hippodrome, Cirque d'Été, etc., etc.

Pour Mesdemoiselles Rosa-Josepha.

À mesure qu'en cette saison se clôturent les chroniques théâtrales, à mesure aussi s'accumulent les produits de ce qu'ici même notre collaborateur M. P. caractérisa si bien sous le nom de critique de café-concert, – à peine franchissions-nous le mois de février. – Zeus nous préserve, et M. Sarcey ! de prendre à notre tour la posture des habituels « Saint-Jean au Nouveau Cirque » que recèle, par exemple, le *Journal des Débats*. La Déesse des Ambassadeurs, – nous voulons dire Mlle Vanoni, – regrette, paraît-il, la bouddhique opiniâtreté des comparaisons où nos dorlotants spectacles d'été incitent d'ordinaire, vers l'époque de l'année où nous sommes, les habiles feuilletonistes de ce quotidien, moins austère que notre *Mensuel* ; et elle constate avec désespoir qu'il arrive à M. Leconte de Lisle, ingénieux modificateur de vocables, de prononcer son nom : *Valmiki*.

Le temps est peut-être venu de ne plus considérer nos plus surprenants chanteurs de café-concert comme de presque surnaturels fantoches. Notre collaborateur M. P. l'indiqua en termes que l'on n'a pas oubliés ; et il plaisanta, avec la toute gracieuse bienveillance qui convenait, le fétichisme apocalyptique dont ce nouveau culte s'accommode. Irait-il cependant jusqu'à nier la divinité de ce M. Clovis, dont les spectateurs de l'Alcazar peuvent tous les soirs constater l'existence, ce que ces mêmes personnes ne sauraient faire de tous les dieux ? Nous avions eu déjà le plaisir d'entendre M. Clovis, cet hiver, au Concert-Parisien, où Mlle Yvette Guilbert attirait les curiosités d'aujourd'hui. Nous nous rappelons la jovialité qu'il montrait alors en cocher d'omnibus funéraires, et l'extrême abondance de gaieté où se noyait pour lui le souvenir de ses contemporains enterrés. Les consommateurs accoudés devant les cerises alcoolisées de l'Alcazar peuvent, à présent, lui voir accomplir les acrobaties les plus palpitantes et les plus mûrement compliquées. Il faut précisément lui entendre monologuer cette conférence d'acteur définitivement forain, qui, appelé à représenter, dans je ne sais quel lointain théâtre, une nouvelle œuvre dramatique de M. Pierre Loti, lieutenant de vaisseau, l'attribue, après son trouble du dernier acte, à M. Pierre Loto, lieutenant de vessie !

Un frisson de rire parcourut le jardin, où M. Sarcey n'était pas.

Charmes de Sulbac, qui saurait vous peindre ? Charmes de Sulbac, qui vous éprouve ne saurait vous décrire.

J'suppos' que ça vous est égal,
Halle aux Vins, place Pigalle,

susurre le délicat versificateur,
De savoir ce qu'ell' devint,
Place Pigalle, Halle aux Vins.

Et cela dure des quarts d'heure comme ça… Aussi faut-il voir le sourire d'indulgent mépris qui voltige, non pas sur les lèvres des spectateurs, mais sur celles de M. Sulbac, tandis que l'excellent public s'esclaffe et que M. Francisque Sarcey recherche la fraîcheur estivale parmi les caves numérotées du théâtre des Bouffes-du-Nord, révélé par lui aux populations, et où des intelligences criminelles placèrent, comme on sait, les engins les plus combustibles, avec l'intention inavouée, mais par cela même plus évidente, d'en élever la température et d'ennuyer le prince de la critique. – « Oh ! grande ombre de Victor Hugo !… Cela est joliment spirituel, tout de même… Poésie ! voilà bien de tes coups… » s'exclame de temps en temps M. Sulbac, lorsqu'il juge par trop dépourvus de qualités universitaires les couplets qu'il apprécie de la sorte avec la liberté et l'accent d'un disciple de José Dupuis. Et ce n'est pas le moins piquant plaisir qu'il nous donne que cette originale façon d'atteindre, à travers l'insuffisance des choses qu'il débite, le snobisme des nombreuses personnes acclamant son visage épanoui de glorieux et très sarcastique chérubin.

Plantureuses Beautés des cafés-concerts, végétaux à qui l'on désirerait moins de vêtements laissés au vestiaire, vous ne méritez pas autant que les hommes que l'on analyse vos attraits. Cependant que la notable Mlle Valti zézaye des chansons qu'elle a une vague apparence d'emprunter aux chères disparues, les almées de la rue du Caire, et que Mme Duparc s'exerce aux papelardes égrillardises, Mlle Yvette Guilbert, cette véritable et unique artiste, si savante et si spontanée, plane trop haut pour que nous ressentions la plus brève tentation de la mêler aux multiples et diminutives Yvettes et divettes d'alentour ; elle nous laisse ainsi toute la place de remarquer aux Ambassadeurs la très jolie Mlle Viguier, dont la seule bouche, peut-être un peu forte, promet de se modeler tout de même agréablement aux nécessités harmoniques. Fleur brune dont la peau créole est si mate, elle nous a paru la plus jeune et en tout cas la plus rapprochée des étoiles de café-concert : sa lumière ne mit pas, à nous venir, deux années. On nous pardonnera d'avoir oublié, à côté de cette élégante personne, le nom de toutes celles que l'on siffle ou que l'on tolère avec un détachement plus sceptique ou plus résigné qu'autrefois. Voici que les temps sont passés où l'on faisait du bruit aux Ambassadeurs. L'universalité de l'indifférence les a envahis à leur tour. Oh ! cette fin de siècle… Ce n'est pas la faute de M. Kam-Hill, du déplorable M. Kam-Hill : ce toujours rutilant homme du monde grimace des chansons écossaises où il a la témérité de réclamer, nous semble-t-il, des pommes.

Mais voici que les lignes, les lignes s'amoncellent. Comment allons-nous pouvoir narrer notre inénarrable et d'ailleurs déjà si classique Paulus (on l'imite au Conservatoire : voyez le masque tragique de M. de Max), les longs bras et les œillades de M. Brunin, les amusantes poses dégingandées d'une grande femme qui chante quelque part des saletés, enfin la gaieté dansante d'Eugenio et l'unique cavité abdominale de Mlles Rosa-Josepha, ces contemplatrices peu bavardes à l'adresse desquelles, ne l'oublions pas, nous avons écrit cet article, et qui doivent se plaire aux spectacles d'été ? – « Rosa est assez ordinaire ; mais Josépha est bien intelligente (ou le contraire), nous disait à propos de ces jeunes filles, à mes amis Émile Philippi, Robert Dreyfus et à moi, un personnage sans doute important, car il était excessivement décoré, du théâtre qui les exhibe. Elles ont chacune leur individualité morale, ajoutait notre complaisant interlocuteur ; et surtout elles n'ont qu'un bassin. C'est même ce qu'il y a de plus curieux en elles. » Nous l'approuvâmes et nous l'approuvons. Mais aussi la place nous manque-t-elle pour flétrir comme je le voudrais les taureaux aux cornes capitonnées et l'humanitaire inintelligence des lions de l'Hippodrome, qui ne se décideront donc jamais, jamais, à manger un petit peu leurs dompteurs !

Bob.

Septembre 1891

CHOSES NORMANDES

« Trouville, chef-lieu de canton, 6,808 habitants, peut loger l'été plus de 15,000 étrangers. »

(Guide Joanne.)

À PAUL GRUNEBAUM

Depuis quelques jours on peut contempler le calme de la mer dans le ciel redevenu pur, comme on contemple une âme dans un regard. Mais il n'y a plus personne pour se plaire aux folies et aux apaisements de la mer de septembre, puisqu'il est élégant de quitter les plages à la fin d'août pour aller à la campagne. Mais j'envie, et, si je les connais, je visite souvent ceux dont la campagne est voisine de la mer, est située au-dessus de Trouville, par exemple. J'envie celui qui peut passer l'automne en Normandie, pour peu qu'il sache penser et sentir. Ses terres, jamais bien froides, même en hiver, sont les plus vertes qu'il y ait, naturellement gazonnées sans la plus mince lacune, et, même au revers des coteaux, en l'aimable disposition appelée fonts boisées. Souvent d'une terrasse, où sur la table servie fume le thé blond, on peut apercevoir « le soleil rayonnant sur la mer » et des voiles qui viennent, « tous ces mouvements de ceux qui partent, de ceux qui ont encore la force de désirer et de vouloir ». Du milieu si paisible et doux de toutes ces choses végétales on peut regarder la paix des mers, ou la mer orageuse, et les vagues couronnées d'écume et de mouettes, qui s'élancent comme des lions, faisant onduler sous le vent leur crinière blanche. Mais la lune, invisible à tous pendant le jour, mais qui continue à les troubler de son magnifique regard, les dompte, arrête soudain leur assaut et les excite de nouveau avant de les faire reculer encore, sans doute pour charmer les mélancoliques loisirs de l'assemblée des astres, princes mystérieux des ciels maritimes. Celui qui vit en Normandie voit tout cela ; et s'il descend dans la journée au bord de la mer, il l'entend qui semble rythmer ses sanglots aux élans de l'âme humaine, la mer, qui dans le monde créé correspond à la musique, puisque, ne nous montrant rien de matériel, et n'étant point à sa manière descriptive, elle semble le chant monotone d'une volonté ambitieuse et défaillante. Le soir il remonte dans la campagne, et de ses jardins il ne distingue plus le ciel et la mer qui se confondent. Il lui semble pourtant que cette ligne brillante les sépare : au-dessus c'est bien le ciel. C'est bien le ciel, cette légère ceinture d'azur pâle, et la mer mouille seulement ses franges d'or. Mais voici qu'un vaisseau l'écussonne, qui semble naviguer en plein ciel. Le soir, si la lune brille, elle blanchit les vapeurs très épaisses qui montent des herbages, et par un gracieux enchantement le champ semble être un lac ou un pré couvert de neige. Ainsi cette campagne, la plus riche de France, qui, avec son abondance intarissable de fermes, de vaches, de crème, de pommiers à cidre, de gazons épais, n'invite qu'à manger et à dormir, se pare, la nuit venue, de quelque mystère et rivalise de mélancolie avec la grande plaine de la mer. Enfin, il y a quelques habitations tout à fait désirables, les unes assaillies par la mer et protégées contre elle, d'autres perchées sur la falaise, au milieu des bois, ou s'étendant largement sur des plateaux herbeux. Je ne parle point des maisons « orientales » ou « persanes » qui plairaient mieux à Téhéran, mais surtout des maisons normandes, en réalité moitié normandes moitié anglaises, où l'abondance des épis de faitage multiplie les points de vue et complique la silhouette, où les fenêtres tout en largeur ont tant de douceur et d'intimité, où, des jardinières faites dans le mur, sous chaque fenêtre, des fleurs pleuvent inépuisablement sur les escaliers extérieurs et sur les halls vitrés. C'est là que je rentre, car la nuit tombe, et je vais relire pour la centième fois le *Confiteor* du poète Gabriel Trarieux...

Marcel Proust.

Septembre 1891

SOUVENIR

Un domestique en livrée brune à boutons d'or vint m'ouvrir et m'introduisit presque aussitôt dans un petit salon tendu de cretonne, à lambris de sapin, et prenant vue sur la mer. Lorsque j'entrai, un jeune homme, assez beau garçon, ma foi, se leva, me salua froidement, puis se rassit dans son fauteuil et continua la lecture de son journal, tout en fumant sa pipe. Je restai debout, quelque peu embarrassé, je dirais même quelque peu préoccupé de l'accueil qui me serait fait ici. Avais-je raison, après tant d'années écoulées, de venir dans cette maison, où l'on m'avait peut-être depuis longtemps oublié ? dans cette maison jadis si hospitalière, où j'avais vécu des heures profondément douces, les plus heureuses de ma vie ?

Le jardin entourant la maison et formant terrasse à l'une de ses extrémités ; la maison elle-même, avec ses deux tourelles en brique rouge incrustée de faïences diversement colorées ; le long vestibule rectangulaire, où nous nous tenions les jours de pluie ; et jusqu'aux meubles du petit salon, où l'on venait de me faire entrer, rien n'avait changé.

Au bout de quelques instants, un vieillard à barbe blanche entra ; il était court de taille et très voûté. Son regard indécis donnait à son expression beaucoup d'indifférence. Je reconnus aussitôt Monsieur de N. Mais lui ne me remit point. Je me nommai à plusieurs reprises : mon nom n'évoquait en lui aucun souvenir. Mon embarras allait croissant. Nous nous regardions tous deux dans le blanc des yeux, sans trop savoir que nous dire. En vain je m'efforçai de le mettre sur la voie : il m'avait tout à fait oublié. J'étais un étranger pour lui. Nous allions prendre congé l'un de l'autre, quand la porte s'ouvrit brusquement : « ma sœur Odette, me dit, d'une petite voix flûtée, une jolie fillette de dix à douze ans, ma sœur vient d'apprendre votre arrivée. Voulez-vous venir la voir ? Cela lui ferait tant de plaisir ! » Je la suivis, et nous descendîmes au jardin. Ici, en effet, je trouvai Odette étendue sur une chaise longue, enveloppée dans une grande couverture écossaise. Je ne l'aurais, pour ainsi dire, pas reconnue, tant elle avait changé. Ses traits s'étaient allongés, et ses yeux cerclés de noir semblaient perforer son visage blême. Elle qui avait été si jolie, elle ne l'était plus du tout. D'un air quelque peu contraint, elle me pria de m'asseoir auprès d'elle. Nous étions seuls. « Vous devez être bien surpris de me trouver en pareil état, me dit-elle après quelques instants.

C'est que, depuis ma terrible maladie, je suis condamnée, comme vous voyez, à rester étendue sans bouger. Je vis de sentiments et de douleurs. Je plonge mes regards dans cette mer bleue, dont la grandeur, en apparence infinie, a pour moi tant de charme. Les vagues, venant se briser sur la grève, sont autant de pensées tristes qui me parcourent l'esprit, autant d'espérances dont il faut me départir. Je lis, je lis même beaucoup. La musique des vers évoque en moi les plus doux souvenirs et fait vibrer tout mon être. Comme c'est gentil à vous de ne m'avoir pas oubliée après tant d'années, et d'être venu me voir ! Cela me fait du bien. Je vais déjà beaucoup mieux. Je puis bien le dire, n'est-ce pas ? puisque nous avons été si bons amis ensemble. Vous souvenez-vous des parties de tennis, que nous faisions ici, sur cet emplacement même ? J'étais alerte, alors ; j'étais gaie. Aujourd'hui, je ne peux plus être alerte ; je ne peux plus être gaie. Quand je vois la mer se retirer loin, bien loin, je pense souvent à nos promenades solitaires à marée basse. J'en garde un souvenir charmant qui pourrait suffire à me rendre heureuse, si je n'étais pas aussi égoïste, aussi méchante. Mais, voyez-vous, j'ai de la peine à me résigner, et, de temps en temps, malgré moi, je me révolte contre mon sort. Je m'ennuie ainsi toute seule, car je suis seule depuis que maman est morte.

Papa, lui, est trop malade et trop vieux pour s'occuper de moi. Mon frère a eu un grand chagrin avec une femme qui l'a affreusement trompé. Depuis ce temps, il vit pour lui seul ; rien ne peut le consoler ou même le distraire. Ma petite sœur, elle, est si jeune, et d'ailleurs il faut la laisser vivre heureuse, tant qu'elle le peut ».

Pendant qu'elle me parlait, son regard s'était animé ; la couleur cadavérique de son teint avait disparu. Elle avait repris sa douce expression d'autrefois. Elle était de nouveau jolie. Mon Dieu, qu'elle était belle ! J'aurais voulu la serrer dans mes bras : j'aurais voulu lui dire que je l'aimais... Nous restâmes encore longtemps ensemble. Puis on la transporta dans la maison, la soirée devenant fraîche. Puis il me fallut prendre congé d'elle. Les larmes m'étranglaient. Je parcourus ce long vestibule, ce jardin délicieux dont le gravier des allées ne devait, hélas ! plus jamais grincer sous mes pas. Je descendis sur la plage ; elle était déserte. Je me promenai pensif, en songeant à Odette, le long de la mer qui se retirait indifférente et calme. Le soleil avait disparu derrière l'horizon ; mais il éclaboussait encore le ciel de ses rayons pourprés.

Pierre de Touche.

TABLE DES MATIÈRES

CHEZ LE MÊME ÉDITEUR

René Char, Nicolas de Staël, *Correspondance (1951-1954)*
Avant-propos d'Anne de Staël
Notes établies par Marie-Claude Char

Georges-Olivier Châteaureynaud, *Résidence dernière*

Annie Ernaux, *L'Atelier noir*

Arlette Farge, *Un ruban et des larmes. Un procès en adultère au* XVIIIe *siècle*

Tahar ben Jelloun, *Au seuil du paradis*

Nathalie Kuperman, *Le Contretemps*

Eduardo Manet, *Quatre villes profanes et un paradis*

Pascal Ory, *Grande Encyclopédie du presque rien*

Pascal Ory, *Vie de Damoclès. Fragments*

Chantal Pelletier, *À cœur et à Kriss. Journal d'une amitié*

Jean Rouaud, *Évangile (selon moi)*

Achevé d'imprimer en octobre 2012
sur les presses de l'imprimerie France Quercy à Mercuès
Numéro d'impression : 21825
Dépôt légal novembre 2012